跟道德经学领导力

吴强 著

机械工业出版社
CHINA MACHINE PRESS

图书在版编目（CIP）数据

跟道德经学领导力 / 吴强著 . -- 北京：机械工业出版社，2021.6（2025.5 重印）
ISBN 978-7-111-68460-2

I.①跟… II.①吴… III.①《道德经》- 应用 - 领导学 - 文集 IV.①C933-53

中国版本图书馆 CIP 数据核字（2021）第 105497 号

跟道德经学领导力

出版发行：机械工业出版社（北京市西城区百万庄大街 22 号 邮政编码：100037）	
责任编辑：李文静　　闫广文	责任校对：马荣敏
印　　刷：北京盛通数码印刷有限公司	版　　次：2025 年 5 月第 1 版第 6 次印刷
开　　本：153mm×225mm　1/16	印　　张：23
书　　号：ISBN 978-7-111-68460-2	定　　价：129.00 元

客服电话：（010）88361066　88379833　68326294

版权所有·侵权必究
封底无防伪标均为盗版

献给我的妻子海兰，
没有她的支持，这本书很难完成。
同时，也献给我的私董会组员。

赞誉

(按姓氏拼音排序)

《道德经》是中国古代哲学著作之经典，体现了顶级的智慧。吴强老师的《跟道德经学领导力》直接叩问领导力的本质，从终极性的角度归纳出提升领导力的重要原则。通过对这本书的学习与体悟，读者可以解决"根源在主席台"的问题，提升自身的领导力。

陈明永　OPPO 创始人、总裁

得益于这两年吴强老师的引导和他对道德经与领导力的分享，我走过了最困难的时期，如今面对和以前一样的企业经营难题，我能每天保持喜悦心，探索并坚守事业初心，坚持沉下来做好当下，思考并顺应事物发展规律。我变得快乐了，企业的经营又进入了一个新的增长周期。

欣闻吴强老师的《跟道德经学领导力》出版，我隆重地向那些像我过去一样苦苦探索的奋斗者推荐这本既具有思想高度又与实践相结合的著作。它将是你迈向更高阶梯的指路明灯。

程新华　东呈国际集团创始人、董事长

关于领导者如何做事，西方管理学讲了很多，但关于领导者如何做人，如何认识世界并尊重规律，2000 多年前的《道德经》

其实讲得更完整。吴强的这本书挖掘中国传统文化精髓为今天所用，读来深受启发。

何刚 《财经》杂志主编、《哈佛商业评论》（中文版）主编

几千年来，人们一直在用各自的方式探寻宇宙的终极规律。牛顿力学、量子力学这些现代科学用的是数学语言，而中国先贤则利用生活中的日常语言言简意赅地传递大智慧。解读国学经典并用其思想指导当下社会，这对我们来说至关重要。吴强老师博古通今，还有几十年的企业管理经验，他所写的这本《跟道德经学领导力》，可以带领你更好地理解古人智慧的精华，找到管理组织的底层规律。

李铁夫 清华大学副教授
得到 App 课程"前沿科技·量子计算"
"前沿科技·芯片技术"主理人

世界很复杂，但真正的道理却并不复杂，"底层逻辑"就那么几条，《道德经》所讲的就是这种"大道至简"的底层逻辑。真正的难点不在于认识这些基本道理，而在于认识之后不偏不倚地身体力行。《跟道德经学领导力》一书可以帮助你学到、做到。

刘坚 经济观察报社社长

做企业的最高境界是要有超乎盈利之上的终极关怀，《道德经》恰好是一本充满终极关怀、探寻世界终极规律的书。《跟道德经学领导力》这本书，是吴强对其 10 年企业教练与私董会经历的感悟的精华，值得更多的企业经营者关注和学习。

牛文文 创业黑马集团董事长、黑马学院院长

创业 15 年，作为组织的领导者，我最大的心得就是厚德载物，成人达己。感谢吴强老师一直以来的指导与启发。《跟道德经学领导力》一书可以帮助每个领导者更好地修身、齐家、带组织。

彭启　i2 艾途教育创始人 CEO

我和吴强是多年好友。在我从工程师到公司管理者的职业转型过程中，在我提升个人领导力和规划公司发展战略的过程中，吴强给了我很多引导和建议。在我拿到《跟道德经学领导力》之后，我发现原来很多秘密都在这本书里，我建议大家都读读这本书。

汤鹏　量子保创始人、易到用车联合创始人及前 CTO

《道德经》是中华民族最伟大的经典著作之一，也是中华民族与人类共享的哲学智慧。吴强先生有着几十年丰富的企业管理经验，在本书之中，他将老子的哲学思想与自身的管理实践相结合，提炼总结了富有道家特色的领导智慧，既有道，亦有术，道在术中，术中有道。这本书是企业管理者提升领导力的必读之书。

许纪霖　华东师范大学历史学教授
得到 App 课程"中国文化 30 讲"主理人

提升领导力和执行力，是企业管理者日常思考最多的问题。不要过程，只看结果，一度成为企业管理人员的金科玉律。殊不知，执行力上不去，问题的根子出在"主席台"。管理是领导者的日常修行。在《跟道德经学领导力》一书中，作者以现代管理学知识解读道家经典智慧，同时结合了他个人的人生经验，别有风味，不容错过。

姚音　《中欧商业评论》主编

吴强作为企业家教练，至今主持私董会 500 场以上，与 1000 位以上的企业一把手在各自的小组中共同见证了他们的领导力的提升。吴强的《跟道德经学领导力》讲的不是纯理论，这本书的背后是他对人生与事业经营的证悟。

> 章碧鸿　浙江美力科技股份有限公司董事长

老子五千言《道德经》高度浓缩了阅事、为人、治世和领军等方面的精辟哲思，体现了丰富的领导力智慧。吴强老师的这本《跟道德经学领导力》，从领导力本质的"道"出发，讨论了领导者在修身、治事、育人以及推动企业成长时所需要的视野、胸怀和格局。《道德经》中的领导力精髓由他娓娓道来，真可谓"道可道，非常道"！

> 周戌乾　泰普洛领导力创始人、春秋书院理事长

推荐序

从无中生有，于苦中作乐

陈为　正和岛副总裁、总编辑

老子对中国人的影响实在太大了！

鲁迅说，中国根柢全在道教。

中国人的文化面相，儒家和道家则大致各占了半张脸。懂得了道家，就懂得了中国的一半。

但道家这半张脸也会变，具有两面性。

钱穆说，老子思想，最尚自然，但还是最功利的。最宽慈，但还是最打算的。……最深沉，而又是最简约的。可谓至论。

文化学者许纪霖研究完老子，也由衷感慨：你发现没有，老子既智慧又复杂的思想，不也是中国文化性格中的两面吗？他的有些东西，是深入国人骨髓的。

来自"道"的这种两面性也让不少外国人着迷。美国物理学家卡普拉评价《道德经》虽有着"似乎不合逻辑的风格"，但它"充满了迷人的矛盾"，正是这种独特性，"使读者摆脱了习以为常的逻辑推理的轨道"，进入思维的一个新境界。

"两脚踏东西文化"的木心对老子最为赞许。在他看来，诸子百家的代表人物大多是伦理学家和政论家，他们研究的是人际关系和治国之策，而研究宇宙、生命这种根本性的大问题的且具有永恒性、世界性的中国哲学家，只有老子一个，庄子只能算半个。

《道德经》对中国商界的影响更大！

在自然性、哲学性之中，它蕴含着"功利"与"打算"，充满了深刻的实用性。通篇讲的是"无为"，但最终的目的却是"无不为"。所以，它俘获了大批的决策者和经营者的心。

博览群书的张瑞敏，每年要看上百本书，他对人言，自己数十年来最喜欢看的、反复揣摩和品味的一本书还是老子的《道德经》。

马云的包中也有一本《道德经》常伴左右。有一回翻阅完，他讶异而兴奋地说道："哎呀！这哪是我在读老子，明明是老子在读我，而且他读到了我内心的最深处。"

我也曾在正和岛的论坛上见过广东一位《财富》500强企业的创立者在台上即兴背诵《道德经》里的内容，倒背如流，一气呵成。

为什么企业家喜读《道德经》？因为5000字的微言里，藏着管理与人性的奥秘。所以，说《道德经》是本土的"领导力第一书"，或不为过。它像一缕春风，吹绿了很多企业家的心田，也滋润着社会万千人众心上的沃土良田。

《道德经》虽篇幅简短，但微言大义，理解起来还是有一定的难度。如何绕过它的词语迷宫，抵达它的认知核心，使它成为自己的指导和力量源泉？

这个时候，吴强出现了。

由吴强来解读《道德经》确实很合适。

2019年，一次刷朋友圈的时候，我看到吴强兄发的一篇解读《道德经》的文章，金句与案例齐飞，高明与精明兼备，很精彩。

吴强曾是我的同事。他曾任报社总编，文笔出色，又是国内最早的私董会教练之一，主持过数百场企业家私董会，实战经验丰富。其时，他已卸任私董会专业机构"伟事达"中国的CEO，专事企业教练。发在朋友圈的文章，正是他应自己主持的私董会小组成员所请，带领大家探寻《道德经》领导力密码的思想成果。

正和岛正需要这样的文章，我遂邀请他在正和岛公众号上开设专栏，每周一期，解读《道德经》。从2019年2月起始，到2020年10月终章，他几乎一期不落地更新着这个专栏。

如今，发表于这个专栏的文章汇集成了这本《跟道德经学领导力》，颇有分量，很感欣慰。

和很多纸上谈兵的著作不同，这是一本知行合一的兵法。

吴强是企业家的同行者与教练。他多年来始终如一的努力方向，就是钻研东西方顶尖的认知成果，深思力行，融会贯通，陪伴与助力企业家成长。

吴强也是老子的追随者与知音。

当年梁启超写完《李鸿章传》之后，曾自信宣称，李鸿章若泉下有知，一定会"微笑于地下，曰'孺子知我'"。

我想，在写完这本《跟道德经学领导力》后，吴强兄午夜梦回，或许会看见青牛上的老子从烟云深处走来，对其微微一笑，道一句："你小子，懂老子。"

前言

本书的写作，源于我在 2018 年 10 月的一次私董会小组会上，与组员订立的一起研读《道德经》的承诺。我们希望通过学习《道德经》，撇去更多的浮躁和不安，并找到提升领导力的智慧。

抱着探索如何提升领导力的想法，我们以每天一章的节奏研读《道德经》。虽然这本书我以前也读过多次，但总是觉得没读进去，不知道老子想说什么。而这次带着对领导力问题的思考重新阅读它，仿佛开了窍一样，清楚地看到老子是在规劝和教导人们如何理解这个世界，如何成为更好的人、更好的领导者。

此外，我更加领悟到领导者研读《道德经》是非常必要的。特别是以我们在今天所掌握的信息量和知识量，我们完全可以站在比大部分古人更高的层面来认识《道德经》，这也将让我们重新认识东方的领导力智慧。

《道德经》所讨论的问题分为三个层次。第一个层次，讨论的是宇宙起源，世界从何而来，它的终极规律是什么。第二个层次，讨论的是这种规律如何作用于物质世界，顺应和违背这种规律的结果分别是什么。第三个层次，讨论的是这种规律如何影响人的命运与社会的发展，人类（尤其是领导者）应该如何顺应这种规律。

老子从哲学的终极问题出发，一层层解码世界的本质和规律，最终落在对人类的告诫上，尤其是对领导者的告诫上——老子似乎知道，如果人类的社会组织出现危机的话，"根源都在主席台"。

事物的本质永远不变，变的只是人们认知本质的尺度，人们都相信这个世界存在"终极真理"，无论是在科学、哲学还是宗教领域，人类文明几千年来的努力，都是在趋近这个真理。从这个角度来看，《道德经》超越了东方文化的地域范围，是一部属于全人类的文化经典。

2019年初，应正和岛总编辑陈为先生的邀请，我在正和岛平台上开设了"领导力与道德经"专栏，本书就是将在该专栏发表的文章结集成册，希望起到抛砖引玉的作用，引起更多的企业领导者对《道德经》这部经典的关注和思考。

由于工作的关系，我所接触的企业领导者很多，其中优秀的领导者大都是善于在学习、实践中不断总结，把握问题本质和规律的人。纵观世界，那些伟大的企业家、投资家更是如此。

《道德经》认为宇宙的终极规律就是"道"，遵循终极规律的行为就是"德"，无论是养生、为人、处世、用兵还是治国，只要遵循了终极规律，结果就没有不好的。一位领导者如果管理不好组织，一家企业如果总是不赚钱，那么一定是没有认识到或遵循规律，用《道德经》的话来说，就是"无德"。

《道德经》也是一本充满终极关怀的书，老子洞悉了宇宙规律后，对人类命运报以深深的担忧，他在书中不断提醒人们，要远离那些让人类陷入危局的事物。所以，《道德经》也可以叫作《人类命运警示录》。

老子对于世界本质和规律的假设，在现代科学发展的过程中，不断得到证明，这真是很神奇。我们无从了解老子的智慧从何而来，可能是上古人类与大自然和谐相处，其内在感知与宇宙的脉动更加贴近吧。人，本来就是宇宙的一部分，"天人合一"本该是常态。

《道德经》流传久远，有多个版本。本书引用的《道德经》原文，主要参考了商务印书馆出版的陈鼓应注译的《老子今注今译》及其他多个版本，在此致谢。

经典总是常读常新，每次翻看《道德经》我都会有新的收获，而且越发感觉自己在老子面前很渺小。有些章节，不论从什么角度去解读，都有片面之嫌，所以本书充其量只是抛砖引玉，旨在激起更多的领导者阅读老子原著的兴趣。并且，由于学识水平和个人修养的局限，我对《道德经》的认识难免有错误和肤浅之处，恳请各位读者批评指正。

吴 强
2021 年 2 月

目录

赞誉

推荐序

前言

01 第一篇　领导力的本质 // 1

正道，经营的最高境界 ... 2
少些比较，回归事物的本质 ... 6
简单做人，安心做事 ... 10
多一份敬畏，才能离道更近 ... 14
规律越无情，越有创造力 ... 18
能量的源泉 ... 22
大胜靠德，大德无私 ... 26
上善若水，至善至能 ... 30
让事业无法长久的四味毒药 ... 34

02 第二篇　成为更好的自己 // 39

修身，领导力的起点 ... 40
把发挥才干的空间留给别人 ... 42

内在成长才是成功的意义 ... 46
患得患失的人不值得托付 ... 50
更高维度的智慧 ... 54
跳出命运的必然性 ... 58
放下杂念，专注本质 ... 62
无为而治，才能生生不息 ... 66
越缺什么越喊什么 ... 70
精明算计，不如清澈干净 ... 74
追求真理，而非世俗名利 ... 78

03 第三篇　敬畏手中的权力 // 81

跨越所有维度的存在 ... 82
以自我为中心，是失败的开始 ... 86
用平常心做好平常事 ... 90
要征服世界，先要征服自己 ... 94
取法于天地，活出无限可能 ... 98
拎不清轻重，是人生的大错 ... 102
育人是最关键的工作 ... 106
雌柔，东方领导力的特有品质 ... 110
格局越大，自我越小 ... 114
战略不能是赌博，更不能是赌气 ... 118
商业竞争是创造，而不是毁灭 ... 122

04 第四篇　向内探索，回归本质 // 125

基业长青所遵守的原则 ... 126

内在成长之路的导航图 ... 130
伟大的领导者是让别人伟大的人 ... 134
好东西不是争来的 ... 138
柔弱不是软弱,而是初心的力量 ... 142
顺应规律,不瞎折腾 ... 146
守住底线,回归起点 ... 150
领导力的"第一性原理" ... 154

05 第五篇 自我越小,成就越大 // 159

世界观决定人生观、价值观 ... 160
真理存在于经验无法抵达之处 ... 164
领导之道从反熵增开始 ... 168
企业文化靠做不靠说 ... 172
因为看淡,所以才能成功 ... 176
用全新的尺度看世界 ... 180
懂得知足,才是长足发展之道 ... 184
突破经验束缚 ... 188

06 第六篇 德行决定命运的终局 // 193

精益求精,物我两忘 ... 194
永远站在客户的角度思考与行动 ... 198
化解危机最好的办法是远离危机 ... 202
遵循规律,才能好运不断 ... 206
让内心的原力觉醒 ... 210
不走捷径,赚"好利润" ... 214

德行的结果不会骗人 ... 218

07 第七篇　谦卑是领导力的基石 // 223

向德行饱满的孩子学习 ... 224
"傻瓜"往往一秒见本质 ... 228
别把经营和管理的重点弄反了 ... 232
领导力中的祸福与因果 ... 236
像"守财奴"一样珍惜自己的信用 ... 240
管住自己，不瞎折腾 ... 246
谦下，解决争端的良药 ... 250
从虚妄游戏中醒来 ... 254
大事成于小事，难事成于细节 ... 258
罗马是一砖一瓦建成的 ... 262
愚直是成就大事的品质 ... 266
谦逊才是王道 ... 270

08 第八篇　用爱创造美好世界 // 275

爱是最伟大的力量 ... 276
赢得竞争的人，都有一颗不争的心 ... 280
优秀的领导者总爱考虑失败 ... 284
经营好德行的利润表 ... 288
不懂装懂是大患 ... 292
不知敬畏的人无药可救 ... 296
降服自己心魔的人才是真英雄 ... 300
真正的领导力不依靠权柄 ... 306

私心越重,队伍越难管 ... 312
把成功挂在嘴边,是衰败的开始 ... 316
用天道智慧,平衡人道缺陷 ... 320
领导力像水 ... 324
任何时候都不占人便宜 ... 328
追求无我,实现自我 ... 332
利他,持续成功的终极答案 ... 336

后记 // 340

参考文献 // 344

· 第一篇 ·
领导力的本质

> **《道德经》第 1 章**
> 道可道，非常道。名可名，非常名。
> 无，名天地之始；有，名万物之母。
> 故常无欲以观其妙；常有欲以观其徼。
> 此两者，同出而异名，同谓之玄。玄之又玄，众妙之门。

正道，经营的最高境界

万物有道，道存在于万物之中。

"道"是什么？最简单的理解，就是事物背后的规律。喝茶有茶道，击剑有剑道，做生意有商道。任何事情，如果符合"道"，就可以长久、持续地处于一种良好的状态，世人把这种状态称为"成功"。

对于经营企业的领导者来说，他们关心的是经营之道、管理之道。掌握了"道"并能有很好实践的人，往往被人称为"神"，比如日本的松下幸之助、稻盛和夫以及我国台湾的王永庆，都被世人称为"经营之神"。

做企业，表面上是在创造产品、顾客、组织和财富，其实都是在经营之道上修炼。财富只是让人上路的诱饵罢了，经营者终其一生，都要追求"经营之道"。

可以说出来的道，都不是真正的道。可以写出来的名，都不是真正的名。

无，是天地的开始；有，是万物的根源。

所以，要以无欲空灵的状态，去体会道的微妙；要深入细致地观察客观世界，去探索道的精微。

无和有这两者，同一来源，只是名字不同，都可以说是很幽深的。它们幽深又幽深，却是一切奥妙的门径。

老子著《道德经》五千言，谈的是"道"和"德"。这个"道"，是万道之道，是所有规律背后的规律，是终极真理。而"德"，是"道"外显的状态，也是遵循"道"的结果。

老子所说的"道"，并非实物，而是一种秩序、能量，一种超验存在。宇宙中万事万物皆由"道"而生，这不辩自明。

"道"非常玄妙，只可意会，不可言传。打个比方，一道美味的菜肴，你可以描述它如何如何好吃，但说得再"惟妙惟肖"，如果听的人不亲自去品尝，就无法真正了解其"味道"。

你也可以给这道菜肴起个好听的名字，甚至把菜谱展示出来。但与真实的美味相比，一切名称和语言都是在"隔靴搔痒"。那种想说却说不完全的遗憾，只有你自己能体会。在这一点上，释迦牟尼和老子是知音，释迦牟尼说："我所知法如树上叶，我所说法如掌中叶。"

知与说的差距，是活物和标本的差距，所以老子不想说，也不屑说。无奈函谷关的领导尹喜，死缠烂打，非要他说，不说不让出关。老子想，那就说说吧，不过丑话说在前头，有一天你"品尝"到真正的道，可别说和我讲的不一样。

这就是"道可道，非常道。名可名，非常名"。

放下关于"道"是什么的讨论，老子还提出了两个最基本的概念，无和有。

无，是天地的开始。或者说，在天地存在之前，是无。不是虚空，就是没有！什么也没有，没有虚空，没有黑暗，没有时间，没有存在。就像在你还没有创办企业的想法的时候，你今天的企业就是"无"；就像在你父母还不相识的时候，你就是"无"。故此，"无，名天地之始"。

从无到有，是一个奇妙的过程。某个机缘巧合，就有了——无中生有。那个从"无"中生出来的"有"，只是万有的开端，是一切有的基础。所以，"有，名万物之母"。

约137亿年前，突然一个奇点大爆炸，物质和能量诞生了，时间和空间出现了，宇宙形成了。在宇宙规律的作用下，物质不断组合、分化，演变出各大星系、植物、动物、乃至人类社会。

无和有，相生相伴。无生出有，有归于无。两者同出于道，但因为表现形态不同，所以人们对它们的认知也不同，这就是"此两者，同出而异名"。

这听起来"玄之又玄"，却是"众妙之门"，因为世界上一切玄妙的发生，都由此而起。

想要学习"道"，想要了解宇宙的终极规律，你需要开启两双眼睛。

一双是你的心性之眼，不要带着评判，要用心去感受和品味道的美妙。另一双是你的理性之眼，要带着无穷的好奇心和渴望，去探索道的精微和复杂。这就是"故常无欲以观其妙；常有欲以观其徼"。

这不矛盾。让内心感动的美，和完美无瑕的规律，本质上是同一事物。就像我们既可以从数学公式中体会到"美"，也可以在优美的乐曲中寻找到数字规律一样。

这就是"道"，掌管着宇宙的终极规律，是无和有的起点和终点，是世间一切事物的法则。

让我们一起体会道的美妙，探索道的究竟吧。

《道德经》第 2 章 // 天下皆知美之为美，斯恶已；皆知善之为善，斯不善已。有无相生，难易相成，长短相形，高下相倾，音声相和，前后相随。是以圣人处无为之事，行不言之教；万物作焉而不辞，生而不有，为而不恃，功成而弗居。夫唯弗居，是以不去。

少些比较，回归事物的本质

查理·芒格说，嫉妒是最愚蠢的原罪，因为它损人不利己，而人之所以会嫉妒，是因为有比较。

对一个蒙昧无知的孩子来说，一块黄金和一块铁只是两块除形状之外再没有什么区别的金属，但对一个在社会中浸淫过的成年人来说，他看见黄金就会两眼冒光。

很多人都会嫌贫爱富，而所谓的贫富只是一种相对的概念。美丑其实也是相对的概念，有人曾把欧洲时装秀上的模特的照片给以肥胖为美的太平洋小岛居民看，他们看后流下了同情的眼泪，觉得这些模特又丑又可怜。

现代人喜欢说"没有对比就没有伤害"，很多评价都是比较出来的。人和人之间，如果没有比较，就不会有骄傲，也不会有失落，更不会有烦恼。

天下都知道美之所以为美，是因为有令人厌恶的丑；知道善之所以为善，是因为有不善的存在。

有和无互相产生，难和易互相生成，长和短互为显现，高和下互为对比，音和声彼此应和，前和后连接相随。

所以有道之人用无为的态度处理世事，实行"不言"的教导；万物兴起而不加干涉，生养万物而不据为己有，作育万物而不自恃己能，功业成就而不自居。因为他从不自居，所以他就无法被去除。

在老子看来，善与恶、美与丑、高与下都是相对的，是比较出来的。真正活得自在的人，不会执着于自己的评判，不会把事事都分个好坏优劣，而是会让事物顺着它的规律去发展。

从另一个角度来说，世界虽是一个整体，但是由不同的部分构成的。不同的部分相互对立，也彼此成就。当一部分不存在的时候，另一部分也不存在。

如果不能接受坏事，又怎么能承受好事呢？收益和风险、创新和墨守成规、机遇和挑战……我们必须接受它们的冲突和共存，并做好平衡。现实不会因为人们的偏好而改变。

不幸的是，人们常常会有强烈的个人偏好。比如爱美嫌丑；喜新厌旧；喜欢收益，厌恶风险；既要高速增长，又不能容忍混乱。

从更高的层面来看，世界是一个整体，微小的变化可能带来长期的巨大的连锁反应。美国气象学家爱德华·洛伦兹在1963年指出："一只南美洲亚马孙河流域热带雨林中的蝴蝶，偶尔扇动几下翅膀，就可以在两周后引起美国得克萨斯州的一场龙卷风。"这就是著名的蝴蝶效应。

人类因为比较，知道了好坏；因为想要更好的东西，便开始不停地折腾。在解决一个问题时，反而牵扯出另一个问题；为了解决新的问题，反而导致了更大的问题。

世界的整体性表现为一切物质、时间和关系都相互联结，没有什么能独立存在。如何让被搅浑的水平静下来？难道是重新搅动吗？当然不是。

所谓无为，就像不去搅动一池子平静的水。不制造问题，也就不需要解决问题。不让生病的条件存在，就不会生病，也无须医治。有智慧的人善于治"未病"，最好的管理不是引入最新的管理方法，而是把工作做在"防患于未然"处。

"人"字和"为"字放在一起，就是"伪"字，"伪"就是偏离了事物的本质。过于鲜明地喜欢什么、排斥什么，会让事物失去重心，失去真实。而"真实"是领导力的基础，个人的名利并不重要，功成事遂才重要。

"无为"不是不作为，而要无为之为、顺势而为。优秀的领导者，不要太在意是否"留下了个人浓墨重彩的一笔"，而要让事物按其本来规律去发展。

全世界都是"道"造出来的，但"道"从来不自满，也从来不把世界占为己有。领导者应秉持的"道"的精神在于——激活事业的生命力，而不干扰它；让事业自己成长，而不占有它；为事业赋能，而不控制它；事业成功了不自居，把知名度和公众形象留给团队成员。领导者不居功，企业的成功才能长久。

看透才能看淡，尊崇"道"的精神，按"道"的精神去生活，才能真正地养生、修身！

> **《道德经》第 3 章**
>
> 不尚贤,使民不争;不贵难得之货,使民不为盗;不见可欲,使民心不乱。
> 是以圣人之治,虚其心,实其腹,弱其志,强其骨。常使民无知无欲,使夫智者不敢为也。为无为,则无不治。

简单做人,安心做事

"人心乱了,队伍不好带呀!"这是让很多领导者头痛的问题,到底应该以什么原则去管理?如何使人"心不乱""不争""不盗"?解决方案就在《道德经》第 3 章。

"不尚贤"和"不贵难得之货",就是不标榜和崇尚贤明,不以难得的财宝为珍贵,简单讲就是不追求名和利。"贤"字从"贝",本身就有多财的意思,后来被人们引申为难得的人才。

老子对人的本能欲望,颇有几分宽容,在他的理想中,人们应该"甘其食,美其服,安其居,乐其俗",把小日子过得美美的就行了。

但是,如果领导者总是追求各种社会上的荣誉、职务,总爱炫耀名牌手表和限量版豪车,却要求下属踏踏实实做

> 不标榜贤明，民众就没有争执之心；不珍贵难得的货品，民众就不会起偷盗之心；不炫耀值得贪恋的东西，民众就不会起惑乱之心。
> 所以，有智慧的领导者在治理组织时，会让人们内心纯净、生活富足、甘于平凡却有骨气！如果大家都是这个样子，那么少数所谓的聪明人就不敢妄为。依照无为的原则去治理，就没有治理不好的。

人、勤勤恳恳做事，这不现实。"以身作则"才是领导者影响他人的第一要务，律人先律己。

领导者的喜好是被领导者行为模式的指挥棒，"楚王好细腰，而美人省食"。领导看重什么，下属就会追求、争夺什么。

也许你会问，如果人们失去了欲望，那工作谁来干？队伍怎么带？老子给出的答案是："虚其心，实其腹，弱其志，强其骨。"这才是真正有智慧的领导者该做的事。

所谓"虚其心"，不是让人们心灵空虚，成天热衷于翻看短视频。老子所说的"虚"，是"致虚守静"的"虚"，他是要人们断妄想忧虑之心，保持心灵的安宁与洁净。

"实其腹"就是使人们生活富足、填饱肚子。有人说这个社会很浮躁，为什么会浮躁？有个朋友告诉我，是因为欲望与现实之间存在差距，其根源在于匮乏。但如果欲望永无止境，匮乏便总也填不满。因此，"虚心"是"实腹"的前提。

"弱其志"是指使人们意志柔韧，甚至让人们胸无大志、甘于平凡。不要小看平凡，一个人愿意把平凡的工作做好，把平凡的生活过好，就很不平凡。而且，大部分人注定会一辈子平凡。如果"成功"才是人生价值的标准，那岂不是大部分人的生活都失去了意义？

从字面上看，"强其骨"就是使人们骨骼强壮，东方的健康观讲"血融则骨强，骨强则髓满，髓满则腹盈"，骨强代表身体健康。骨强还有另一层含义：一个人有担当、有原则，不惧怕任何困难。我们称之为"有骨气"。

不要误以为老子提倡的是反智、愚民，其实老子提倡的是简单做人、安心做事。

佛家认为，欲望是人类一切苦难的根源。老子的观点与之类似，他说："不见可欲，使民心不乱。"但与佛家不同的是，老子强调克制名誉、地位和财富等方面的欲望，而不是人自然的食色男女之欲。

本质上，老子对于人类的"进步论"是持保留意见的。因为他看到，这个世界上的大部分问题，都是由充满欲望的聪明人搞出来的，所以他主张"常使民无知无欲"。没有诡诈的智巧，没有争夺的欲望，质朴诚实，这样的人其实很有福气。

在自然界中，万物生长最繁茂的地方，往往人迹罕至，这是因为人类的无为为大自然留出了安宁的环境。

领导者的"无欲无为"，能让下属变得内心宁静、生活富足、意志柔韧、身体健康且有骨气，他们能让自己平凡的生活过得真诚而自律，不沉迷于欲望。

在这样的群体中，那些投机取巧的聪明人就没有市场，他们不敢寻衅滋事，这就是所谓"智者不敢为也"。

领导者自律淡定，民众质朴富足，是非消失殆尽，这样的社会还需要领导者为如何治理担心吗？而做到这些的关键，就是领导者没有特别的偏好、主张和欲望。

领导者效法自然，以静为动、以退为进，不折腾，留出空间让民众自生、自在，这才是最高级的安民之道。

> 《道德经》第 4 章
>
> 道冲，而用之或不盈。渊兮，似万物之宗；湛兮，似或存。吾不知其谁之子，象帝之先。

多一份敬畏，才能离道更近

"道"究竟是什么？这是所有学习《道德经》的人都想弄明白的问题，但的确很难用语言说清楚。

"道"是一种规律和秩序，也是一种流动的能量，还是万物的创造者。

《道德经》共 81 章，其中有 37 章谈到了"道"，但每次的含义和所指又不尽相同。在老子看来，"道"无形无相，看不见，摸不着，却真实不虚；"道"的作用绵绵不绝、包罗万象，从来不掉链子。

任何事物都要遵循"道"。越是离"道"近，运行得越顺畅；越是离"道"远，越容易出问题。但自负的人类恰恰不相信这一点。而且，似乎社会越发展，人类越自信，对"道"的相信和敬畏就越少。

> 大道空虚无形,但用之不竭。深远啊!好像是万事万物的宗源。幽隐啊!隐没不见却又真实存在。我不知道它是谁创造的,好像它在天帝诞生之前就已经存在了。

老子早就看透了这一点,不免发出一声叹息,但还是写下了一本《道德经》,给愿意相信"道"的人们留下了一把开启"救赎之门"的钥匙。

人类是善于学习的,凡事都要搞个究竟。那么,"道"究竟是什么?它从哪里来?如何运作?如何演变?

老子试图回答上述问题的一部分,但结果可能让读者失望——"道"没有源头,没有终结,无法用五官感受到它的存在,但它确实存在。

接下来,我们一句一句解读。

"道冲,而用之或不盈。"

"冲",不是指从什么地方冲出来。"冲"的古字为"盅",指器皿的中间部分,也就是虚空。"道"无色无形,它不是一种可测量的物理性质的存在,但又并非"一无所有"。它的虚空状态能孕育一切,它所发挥的功用,取之不尽、用之不竭。

这个取之不尽、用之不竭的虚空之道,究竟是什么样子呢?老子用了"渊""湛"两个字来形容它。

"渊兮,似万物之宗"。

渊,是川流冲积出来的深潭,有些还与地下河连接,看起来深不见底。它被老子用来形容"道"的深远、神秘而不可测。世间万物的起源,就来自这个"深不可测"。

"湛兮,似或存。"

湛的本意是舀一勺甘甜的美酒,形容生活沉迷于安逸之中,后来变成安静、澄寂、深、清澈的意思,比如精湛、湛蓝。老子认为"道"清澈、澄寂,看起来隐而未形,却真实存在。

作为三维动物,我很难理解这种"既不存在又确实存在"的状态,但这就是道的奇妙之处:不在,又无处不在;不为,又无所不为。

有些版本的《道德经》在这一章中还有一句"挫其锐,解其纷,和其光,同其尘"。但很多学者考证后都断定这是战国时期形成的错简,它本该被放在第56章,在此不予深究。

"吾不知谁之子,象帝之先。"

任何事物都需要有一个出处，在讨论某事物时，"从哪里来的"永远都是最基本的问题。但老子说他并不知道"道"是从哪里来的，也不知道是谁造的它，它似乎就是天地的先祖。

《出埃及记》中有一段描述，说上帝在摩西面前显现，并让摩西带话给以色列的百姓。摩西问上帝应该如何向百姓介绍他，上帝说"I AM WHAT I AM"——我就是我，不是谁的儿子，我是自有永有的存在。

"道"和上帝一样，并非被谁创造的——不是被造物，而是造物者。"道"是"形而上"的，是介于哲学、科学和宗教之间的终极存在，它至今还不能被人们充分认知，但我们不能简单地把"未知的东西"归于"不存在"。

老子深深地相信"道"的存在、"道"的作用，并把他所觉悟和体会的写下来，留给后世之人。相信就能看懂，怀疑就难有收获。

> 《道德经》第 5 章
>
> 天地不仁，以万物为刍狗；圣人不仁，以百姓为刍狗。
> 天地之间，其犹橐龠乎！虚而不屈，动而愈出。
> 多言数穷，不如守中。

规律越无情，越有创造力

在西方政治里面有一条不成文的原则：总统没有朋友。

美国前总统林肯非常坚持这一原则，因为他十分清楚，他不可能和每个人都成为朋友，一旦有些人是朋友而有些人不是，他就会在政治群体中区分出亲疏远近，这会让他失去客观与公正，从而导致派系之争。

人世间大多数的问题和烦恼，都出自人心的偏颇。过于爱憎分明，就会失去看问题的客观性，也容易引发矛盾。其实，所谓的爱与憎，只不过是从自己的利益出发看问题而已。

人类会根据自己的需要，把万事万物分为"有利的"和"有害的"，并对其爱憎分明。但在天地眼里，万事万物都一样，任何事物在天地的规则面前都是被"一刀切"的，从不会有半点儿差错。比如一个极可爱的婴儿，如果被独自

> 天地无所偏爱，在其看来，万物与刍狗无异；圣人无所偏爱，在其眼中，百姓与刍狗无异。
> 天地之间，岂不像一个风箱吗？空虚但不会穷竭，发动起来而生生不息。
> 话说多了，说过了，容易陷入被动和危险，不如持守虚静，不偏不倚。

留在冰天雪地里，照样会被冻死，天地不会因其可爱而网开一面。

天地不仁，但又一视同仁。因为一视同仁，所以显得不仁。天地只按自己的规则运行，合道则生，不合道则亡，其他的一概免谈。

古人知道天地的厉害，所以经常会去"贿赂"天地，而"贿赂"的方法就是祭祀。祭祀要体现诚意，就要用牺牲来献祭，但有时舍不得下本钱，人们就用麦草扎一些假狗（即刍狗）来献祭，祭祀结束后，把它们往路边一丢，再无人问津。

早期人类对自然的理解有限，只能以自己的体验去推测外部世界。比如，狂风暴雨让人害怕，部落首领发火也让人害怕，于是认为"狂风暴雨就是老天爷在发脾气"。

古人深信万物有灵，他们会把风调雨顺、有好收成当成天地的仁爱，把自然灾害、颗粒无收当成天地的愤怒和惩罚。

祭祀，其实就是"求仁"，求天地之仁。但是，就像人类不会对祭祀用的刍狗产生感情一样，天地也不会对祭祀的人类产生感情。所以，不论祭祀还是不祭祀，不论祭祀用的是真狗还是刍狗，其实都没有区别，因为天地不仁，不会对祭祀的人有特别的偏好。

老子主张领导者应该效法天地，行"不仁"之政，领导者对待部下应该像天地对待万物、像祭祀者对待刍狗一样，没有特别的偏爱，这与孔子主张的仁政正好相反。

"仁"由"二"和"人"两个字构成，《礼记》上说"上下相亲谓之仁"。但老子认为，"失道而后德，失德而后仁"，即"道"没了才有"德"，"德"没了才需要"仁"，如果能够守住"道"，当然就不需要"仁"。

心中无物，才能不喜不悲、不偏不倚，才能源源不断地输出能量和创造力——这就是老子对领导者的规劝。

天地不仁，并不是天地不作用于万物。只是天地以自然法则决定了万物的枯荣兴衰、生老病死，顺之者昌，逆之者亡。

圣人不仁，并不是圣人内心狠毒，而是圣人效法天地，能克制自己的个人喜好和偏见，对下属不徇私情、一视同仁，实施法治而非人治。

需要特别说明，圣人的法治之法，并非依据圣人的好恶和价值判断制定的，而是源自天地的自然之法，是"道"的体现。

领导者同样要知道，市场不仁，视企业为刍狗，即市场这只看不见的手，对企业也没有感情——顺应市场规律的企业，就能发展；违背市场规律的企业，就会消亡。

> //《道德经》第6章
>
> 谷神不死,是谓玄牝;玄牝之门,是谓天地根。绵绵若存,用之不勤。

能量的源泉

古人敬畏天地,因其目力所及之处,就是"天圆地方",而万事万物都孕育于天地之间。

但天地从何而来?从来没有一个确切的答案。富有想象力的人,编出盘古开天辟地、女娲造人的神话故事。

老子不满足于神话,他明白"道"才是创造天地的存在,为了让人们知道"道"的属性和运作方式,他把"道"比喻成母体——生育、滋养了天地万物,创造一切生命的母体。

什么是"谷神"?

谷,主要有两个含义,一是有水流的山谷;一是各种粮食的统称,五谷。

山谷里有什么?首先有虚空,往里喊一嗓子,回音不断。但这个虚空里却有源源不断的产出,有泉水,有丰沛的生养天地万物的道，是永恒不灭的，这是一种玄妙的母性。在这扇母性之门背后，天地万物都扎根于此。它连绵不绝地永存，作用无穷无尽。

动植物，仿佛是生命之源。五谷可能早期就是在山谷里被发现的，所以才用"谷"来命名。

朱熹说："'谷'是虚而能受，'神'谓无所不应。"所谓谷神，就是那个不停变化的虚空，若有若无，虚而不屈，动而愈出。

所以，老子以"谷神"作为"道"的别名，用"谷神不死"来表达道的永不停歇。

老子觉得这样比喻还不够，接着又用"玄牝"来进一步做比喻。

"玄牝"又是什么呢？

"玄"在《说文解字》中的解释是"黑而有赤色者"，是黑里带红的颜色。"玄"，还有微妙、神秘、难以捉摸的意思，所以人们把神秘之学称为玄学。

"牝"指雌性动物，可引申为具有生殖能力的母体。古人称雄性动物为"牡"，雌性动物为"牝"。以人为例，在体力和爆发力上，女性不如男性，但是在耐力和忍受力上，男性不如女性；男性的平均寿命不如女性长，说明女性的生命力其实更强。

玄牝之门，就是雌性动物的产道，是诞生生命的幽暗、神秘之门。在这扇母性之门里面，是一种"绵绵若存，用之不勤"的东西，天地万物由此而出，被它庇护，又源源不断地得到它的滋养。

道无形，天地有形，无形是有形的根，"形而上"是"形而下"的根。一棵枝叶繁茂的大树，若离开了根的滋养，很快就会枯萎。类似地，道是天地万物的根，如果天地万物偏离了道，会面临灾祸。

可以说，道是天地万物的母亲，而母亲对孩子的爱是源源不断、永不枯竭的，而且有求必应，从来不求回报。

作为天地万物之中的人，我们也是由道所生、被道滋养的，只有回归道、遵循道，才能获得生命的能量之泉。

> //《道德经》第 7 章
>
> 天长地久。天地所以能长且久者,以其不自生,故能长生。是以圣人后其身而身先;外其身而身存。以其无私,故能成其私。

大胜靠德,大德无私

  2013 年初夏,我去华为公司,在华为大学入口处看见一块大石头,上面刻了 8 个字:小胜靠智,大胜靠德。当时华为公司已是年销售收入超 2000 亿元的通信巨头,但谁都没想到,这家公司的年销售收入还能在未来几年增长好几倍。

  大胜的背后,是对"德"的认知和践行。那么,究竟什么是企业应该具备的"德"?在《道德经》第 7 章中,老子用"天地之德"引出"圣人之德",并说明了"德行"与"得失"的关系。

  请回答这个问题:宇宙的中心在哪里?对很多人来说,宇宙的中心其实是自己。每个人眼中的世界,都是他以自己眼睛为圆心,以自己的视力范围为半径的一个大圆圈,而他正好处在这个圆圈的中心。不信的话,你可以站起来环顾四周试试。

> 天地长久。天地之所以能长久，是因为它们的一切运作都不为自己，所以能够长久。
> 所以有道之人把自己退在后面，反而能赢得爱戴；抛开色欲之身、利益之身，真我之身才能长存。正是由于他们不自私，故而能成就自己。

世界是由自己和他人组成的，自己是一个人，"他人"是指自己之外的所有人，但每个"他人"又都是他自己。以自我为中心是人类的本性，有人对人们说话时使用的词做过统计，发现"我"是用得最多的一个词。

如果一个人凡事只考虑自己而不顾他人，他就会被他人排斥，陷入孤立的状态。没有人愿意与这种人同舟共济。

相反，如果一个人总是把自己放在最后，不断地为他人着想，就会不知不觉地被他人所拥戴，成为大家的中心。这个世界就是这样的，被他人需要的人、能给他人带来利益的人，就会成为被他人拥戴的人。

越想成就自己的人，越自私，就越难以得到他人的信任；相反，越是不考虑自己的私利，越是全然忘我，一心想着如何给别人带来利益和好处的人，最终越会成就自己。

大自然中的万物都是相互依存的，植物生存需要光合作用，动物生存需要以植物为食，人类生存需要衣食住行。只有天地的存在无须依赖任何外部条件，天地没有私心私欲，无所求、所依。

天地无须考虑自己的利益，它无私地承载万物、滋养万物，反而被万物所依赖，这就是天地长久的秘密，也是天地的大德。

人与社会都是天地的产物，无论人道还是商道，只有顺应天道，才是正道大德。

好的领导者，不应该整天只想着自己的个人利益、面子和权威，而应该无私地帮助身边的每一个人成功和成长——当人人都觉得"你"是他们的坚强后盾和能量之源时，大家才会真心拥戴"你"这个领导者。

好的企业，不应该整天只想着如何赚客户的钱，如何让自己的利益最大化，而应该想着如何帮助客户成功，让客户价值最大化——当每个客户都觉得满意和划算时，客户才会源源不断地在"你"这里消费。

在客户利益与企业利益发生冲突时，先考虑客户利益，后考虑企业利益，这样才会赢得客户的青睐；在员工利益与领导利益发生冲突时，先兑现员工利益，后兑现领导利益，这样才会赢得员工的拥戴。这就是"非以其无私邪？故能成其私"的秘密，也是华为所说的"大胜之德"。

> 《道德经》第 8 章
>
> 上善若水。水利万物而不争,处众人之所恶,故几于道。居善地,心善渊,与善仁,言善信,政善治,事善能,动善时。夫唯不争,故无尤。

上善若水,至善至能

老子说"上善若水",意思是最上等的德行,应该和水一样。

水是生命之源,万物生长都离不开水的滋养,但水并不要回报,不与万物相争,不需要存在感。人往高处走,水往低处流。水总是聚在低洼的地方,即使人们用水清洗最肮脏的污垢,水也欣然接受,从不推辞。

这种无我、利他的特性,几乎和道一样。

有人说"这个世界上没有无缘无故的爱",但其实是有的,水利万物而不争,大道对世间万物的爱,就是"无缘无故"的。

善,每个人都有,就算十恶不赦的恶棍,也有善的一面。但是,"上善"与普通的"善",区别在于对回报的要求。

> 最上等的善就像水一样。水滋养万物而不和万物相争，停留在大家厌恶的地方，所以它最接近道。时刻处于善的位置，心胸如深渊般沉静，待人真诚仁爱，说话一诺千金，为政善于精简治理，处事善于发挥才能，行动善于把握时机。正因为有不争的美德，所以才没有烦忧之事。

为了得到更大利益而付出的"善"，是"下善"；为了得到同等利益而付出的"善"，是"中善"；不求利益，没有理由和条件的"善"，才是"上善"。

1979年的诺贝尔和平奖获得者特蕾莎修女，算得上"上善之人"。

特蕾莎修女于1910年出生在科索沃，12岁立志当修女，18岁进入修女会，后来被派往印度。当时的印度贫富差距极大，有很多被贫穷和病痛折磨的人，他们如同生活在地狱。

1952年夏，为帮助穷人找到爱与尊严，她在印度加尔各答建立"垂死者收容院"，日复一日地推着小车在垃圾堆里、水沟边、公共建筑的台阶上，寻找那些奄奄一息的病人、被遗弃的婴孩、垂死的老人，然后给他们食物，为他们治疗，安抚他们的心灵。

她把一切都献给了穷人、病人、孤儿、孤独者、无家可归者和垂死者，被誉为"贫民圣人"。特蕾莎修女的德行，就可以说是"利万物而不争，处众人之所恶"，她付出的爱，是没有条件的，甚至是没有原则的，她爱朋友，也爱仇敌，爱亲近的人，也爱陌生人。

特蕾莎修女并没有受过多么高等的教育，也没有多少非营利组织的运作经验，但她的大善之德，给她带来了巨大的能力，让她表现出社会慈善家所具有的"政善治，事善能，动善时"的能力，并为世界和平做出了杰出的贡献。

一些企业家相信风水，其实，一个人内心的至善就是最好的风水——只要"心善渊，与善仁，言善信"，无论住在哪里，就都是居于善地！

很多企业家都知道，领导力其实是审时度势、把握时机的决策力，是凝聚团队的影响力。但特蕾莎修女的故事告诉我们：能力生于智慧，智慧生于德行，德行生于大道。当心中拥有接近大道的至真至善时，你才能有更强的能力，才能驾驭更大的事业。

> 持而盈之，不如其已；揣而锐之，不可长保。金玉满堂，莫之能守；富贵而骄，自遗其咎。功遂身退，天之道也。
>
> ——《道德经》第 9 章

让事业无法长久的四味毒药

前些年，企业家热衷于讨论"先做大还是先做强"。后来，越来越多的人说要"小而美"。如果老子穿越到今天，他会告诉人们：这些都不重要，真正重要的是长久，是活下去。

《道德经》中有很多篇章都在讨论长久之道。在第 9 章，老子对破坏长久之道的做法提出了警告，这种警告所针对的，都是人性的弱点。

老子是一位人性大师，他用"盈""锐""守""骄"这四个字，形象地勾画出人性的弱点，每一种弱点都是让事业无法长久的毒药。

"盈"在甲骨文中的意思是两个人站在浴缸中，水溢出来了。"持而盈之"形容人端着架子，执着于自己的成绩占有更多，不如适可而止；锋芒逼人，通常持续不了多久。拥有那么多财富，真能守得住吗？有钱有名的人，难免有骄娇二气，由此会埋下祸根。大功告成后悄然离去，这才是符合天道的行为方式啊！

和经验，像一杯装满水的杯子，装不下任何新的观点和意见。

"锐"是指锐利的刀刃，锋芒四射，并且容易割伤别人。"揣而锐之"的人总是高调行事、咄咄逼人，他们不放过任何显露锋芒的机会，喜欢以践踏别人尊严的方式来显示自己的优越之处。

"守"是指贪恋过去的成果，醉心于已经取得的成绩，保守而害怕失去。"金玉满堂"者通常会因为别人的嫉妒而招致祸患，如果失去了创造财富的能力，靠"守"只能坐吃山空。

"骄"则是指拥有财富和社会地位而产生了骄娇二气，这是创业者最应该警惕的，因为骄娇二气是胆魄和冒险精神的毒药，是战斗力和勇气的天敌。

领导者通常是因为渴望成功而奋斗，但往往会因为事业的成功而沾染上"自持自满""锋芒毕露""守财如命""富贵而骄"这四种习气，从而导致事业失败。

电影《天龙八部》里少林寺方丈告诉虚竹：世界上只有两个人，一个叫"名"，另一个叫"利"。人们总是渴望名利，但名利的美味，会让人们变得盲目，对其"趋之若鹜"，知进不知退，善争不善让。

很多人在经过奋斗拥有了梦寐以求的名利之后，又会被人团团围住，陷入"盈""锐""守""骄"的陷阱。

鲁迅先生就谈到过猛人（包括名人、能人、阔人）的宿命。一个人一旦成为猛人，他身边就会出现很多马屁精，将其团团围在中间，投其所好，拼命赞美，"使该猛人逐渐变成昏庸，有近乎傀儡的趋势"。

在企业内部，有的下属为了自己的名利，会常想着如何讨好上级，而若上级习惯了恭维的声音，便很难听进刺耳的真话。于是，企业内部渐渐就形成了"回音壁"效应——领导者只能听到自己想听的、爱听的话。

老子一再提醒人们要顺从天道。什么是天道？天道是循环往复的，就像天地有阴有晴、有寒有暑，就像人有呼有吸。所以，想要收获、接受，就必须给予、放弃——杯里的水满了,就要清空;放下过去,才能迎接未来。

领导者想要长久的成功,就要放下过去的成功,按老子的话去做人做事,不盈、不锐、不守、不骄,永远保持一颗"求知若渴""虚怀若谷"的心。

· 第二篇 ·
成为更好的自己

> 《道德经》第10章
>
> 载营魄抱一，能无离乎？专气致柔，能如婴儿乎？涤除玄鉴，能无疵乎？天门开阖，能为雌乎？
> 爱民治国，能无为乎？明白四达，能无知乎？生之畜之。生而不有，为而不恃，长而不宰，是谓玄德。

修身，领导力的起点

中国人自古就相信"天人合一"，相信天地之道、治国之道和修身之道是相通的，认为修身是齐家、治国、平天下的根本。

"道"是规律，"德"是规律在事物中的体现。身体都搞不好，这是德行肤浅的表现，修身有了余德，才能去领导别人。

我国台湾学者陈鼓应先生按先修身再齐家、治国、平天下的逻辑，试着调整了一下第10章的文序，前半段谈修身，后半段谈领导者的德行。

修身的功夫，在于"形神合一、心如明镜、专气致柔、极静守雌"。专注、纯净、心外无物，人的内在生命才能健康，"精""气""神"才能旺盛。

修身之德有了余裕，才能生出"明白四达"的智慧，运用这种智慧，以"无知无为"去"爱民治国"，轻松、喜悦形体与精神能合二为一，不分离吗？能够聚集真气以致柔顺，而像婴儿一样吗？能洁净杂念，让心一尘不染吗？感官与外界接触，能多一些宁静慈爱吗？

　　爱民治国，能自然无为吗？越通晓明白四方，会越觉得自己无知吗？生长和养育万物，但不占有、不依恃、不主宰，这才是最深厚的德行。

地实施治理，一点也不会感到烦恼和疲惫。

　　不要认为修身就是养生保健，要知道老子是反对养尊处优的。

　　修身的根本在于修心，修心就是克制欲望、收敛精神，让自己的意念坚定、纯净。这种内在修为对身体健康有极大的作用，同时能提升内在智慧，让人洞悉分明。

　　其实这一点也不玄奥，因为世界是我们内心的投影。你是什么样的人，就会有什么样的行为；你有什么样的行为，就会什么样的结果。要改变局面，先要改变自己。如果你连生活、健康都管不好，那么你的团队和事业也不会成功。

　　常有人问："如何成为一位更好的领导者？"答案是："先让自己成为更好的人！"那么，如何成为更好的人？老子的答案是：停下来，静一静，让你的灵魂跟上你的身体。

> 《道德经》第 11 章
>
> 三十辐，共一毂，当其无，有车之用；埏埴以为器，当其无，有器之用；凿户牖以为室，当其无，有室之用。
> 故有之以为利，无之以为用。

把发挥才干的空间留给别人

松下幸之助先生出生于 1894 年，活了 95 岁。他创立了著名的松下电器，还创立了两个社会组织，一个是研究人类和平与福祉的 PHP 研究所，另一个是为日本培养未来领导者的松下政经塾。他被称为日本的"经营之神"，而且立功、立言、立德，算是拥有福寿双全的成功人生。

许多人认为，能被"封神"的人，一定是"狠角色"！但松下先生可不是什么"狠角色"，用他自己的话说，他之所以能成功，主要原因有两个：第一是没怎么读过书，第二是体弱多病。

这不是忽悠人。松下先生 9 岁时，因父亲破产不得不退学打工补贴家用——最高学历小学二年级。年轻时还患过肺结核，在那个年头儿，肺结核可是绝症。

三十根辐条连接在毂上做成车轮，毂之所以起作用，是因为它的中空；用水和黏土烧成陶罐，陶罐可以盛东西，是因为罐壁内的中空；开凿门窗建造房屋，房屋有用，是因为屋内的中空。

所以，"有"可给人带来了便利，"无"可发挥了它的作用。

松下先生23岁创业，带着太太和刚刚中学毕业的小舅子（夏普电器的创始人）创立了松下电器制作所。后来，这个只有3个人的小作坊，发展成了世界500强企业。

松下先生已经离世30多年，但松下电器并不像很多日本企业一样，创始人离开后便开始衰败。2020年，松下电器的年销售额高达689亿美元，在世界500强企业中排名第153名。真是余德丰厚！

中国企业家考察日本时，大多喜欢访问百年企业，因为大家都梦想做成百年企业。松下电器从创立至今，也超过了百年。

其实，百年企业存续的诀窍，不在于创始人自己干得怎么样，而在于创始人"百年之后"企业发展得怎么样。真想做百年企业，要考虑的就是："这个企业没了我，如何能更好地发展？"可事实是，在很多企业家有一天真的撒手不管后，企业的衰败速度往往与企业家的能干程度成正比。

平庸的领导者总是对自己的能力很自恋，而高明的领导者懂得把空间留给那些比自己能干的人，让别人有机会发挥才干和作用。

松下先生说，因为自己没读过书，所以必须向有知识的人求助，并且很敬佩能为自己指出不足的人；因为身体太弱，无法凡事亲力亲为，所以就总是思考如何委托和授权，如何培养第二个、第三个松下幸之助，甚至希望让每位员工都成为经营者。

老子在《道德经》第11章中告诉我们：有之以为利，无之以为用。他以车轮、陶罐、房屋来打比方，告诉人们不要执着于"有"，要关注"用"。

他说，"有"但是"无用"，还不如"没有"！我们喝水的杯子是"有"，但真正盛水的是杯子的中空，如果杯子是实心的，还能用吗？我们买的房子由门窗和四壁组成，但用的却是房子内的空间，如果房子里砌满砖块，那还能住吗？

苹果公司是世界上最赚钱的手机公司，2010年时，苹果公司每卖出一部 iPhone 就赚取 58% 的利润，而中国企业为它完成全部的生产组装，却只有 1.8% 的利润。苹果公司只有研发和品牌，自己没有工厂，不生产任何元器件，但能把中、日、韩等国的能力用足，使自己成为最大的受益者，这也算是一种"无之以为用"吧。

所以，真正的领导者不执着于自己有什么，就算他"一无所有"，也能让全世界为其所用。

> **《道德经》第12章**
>
> 五色令人目盲；五音令人耳聋；五味令人口爽；驰骋畋猎，令人心发狂；难得之货，令人行妨。
> 是以圣人为腹不为目，故去彼取此。

内在成长才是成功的意义

美国的戏剧家大卫老师，曾在重庆参加一个为期四天的戏剧课程，课上到第三天的时候，老师给大家表演了一幕莎士比亚的戏剧，一人饰演四五个角色，每个都演得惟妙惟肖，令人惊叹！

演出结束后，我问老师："您在戏剧中要扮演很多角色，在生活中也要扮演很多角色，对您来说，每个角色都是一个'我'，但哪一个角色才是'真我'？"

老师回答说："在所有角色背后的那个可以不断进化的内在自我，才是'真我'。"

我觉得这段对话很有哲理，就发到了微信朋友圈。有位朋友留言写道，"人生即成长，不成长即死亡（life is growth, you grow or you die）。——菲尔·奈特"。

看多了绚丽的色彩，会让视力下降；喧闹劲爆的音乐，会让听力受损；山珍海味吃多了，会吃什么都没味道；策马奔驰打猎找刺激，会让人心里发狂；奢侈的物品，会让人心生贪婪、行为不端。

因此，有智慧的人注重内在的充实，不在乎表面的虚荣，并以此为原则，决定如何取舍。

是啊，一个人的身体成长，基本上到十七八岁就停了，但内在生命的成长，却可以伴随终生，这才是生命的意义所在。

《道德经》第12章就是告诫人们：过度追求外在的欲望，反而会让人陷入迷途，失去生命的敏锐和鲜活；人生的意义在于追求内在生命的成长，而非外在的事物。"为腹不为目"就是这个意思。

现代人对于感官刺激的追求，远超老子那个年代。

在商业社会中，一些品牌商每天投放巨额广告给我们洗脑，告诉我们如何过上美好生活，而大多数对美好生活的定义，就是让人的感官和虚荣心得到更大的满足。又如，各类电子产品厂商和 App 设计者，总想着各种法子让你沉迷其中。

不刺激你的欲望，怎么让你乖乖掏钱呢？但这样的刺激，能给人带来什么？

喧嚣过后，人们只会更加空虚。感官满足所带来的幸福感是短暂的，各种满足物欲的消费过后，留给人们的是目盲、耳聋、口爽、心狂、行妨，这不仅会伤害人们的身体，还会让人们的心灵之泉日益枯竭。

日子是为自己过的，不是给别人看的，没有必要为了别人眼中的面子，去追求更大的房子、更好的车子、更高的位置。也不要被人性的欲望绑架，沉迷在精神毒品中无法自拔。

什么是成功？

按照马斯洛的需求层次理论，最下面的两层需求是生存和安全的需求，比如性和食物。在这些生息繁衍的需求上，人和动物（比如昆虫）都是一样的。再往上，是归属、尊重和自我实现的需求。尤其是对尊重和自我实现的追求，将人和其他动物区隔开来。

周星驰在电影里说过一句话："做人如果没有梦想，跟咸鱼有什么分别？"但如果人的梦想，只是更多的性、更多的食物、更多的安全的生存资源，那么人和咸鱼就有分别吗？

更多的生存所需，都可用金钱换得。所以，如果你对梦想和成功的定义，只是拥有更多金钱，那跟咸鱼还是没分别。

　　有智慧的人知道，有意义的生活是"为腹不为目"，"腹"是指精神的、内在的，目是指物质的、外在的。对于物质的需求但求温饱而已，内在生命不断成长，不断在精神层面实现自我、超越自我，才是人应该追求的。

> **《道德经》第13章**
>
> 宠辱若惊，贵大患若身。
> 何谓宠辱若惊？宠为下，得之若惊，失之若惊，是谓宠辱若惊。
> 何谓贵大患若身？吾所以有大患者，为吾有身，及吾无身，吾有何患？
> 故贵以身为天下，若可寄天下；爱以身为天下，若可托天下。

患得患失的人不值得托付

看一家企业是平庸还是优秀，去闻闻"味道"就知道了。因为从事教练这个职业，我有很多机会进入企业，和企业管理层成员与员工进行深入交流。

我帮阿里巴巴开过内部私董会，也带我的私董会小组去腾讯交流过。这两家互联网企业的员工，给我的感觉都是"简单"。当然不是头脑简单，而是做人简单，没太多客套，说话很直接。

与之相反，在我接触过的很多规模没多大的企业中，气氛很"复杂"。在会议上，每个人的级别与座次都很讲究，而且员工在讨论问题时总是欲言又止、话里有话，或者干脆保持沉默。

其实，优秀的企业不论大小，都有一种"学生气"：员得宠和受辱都会让人感到惊慌失措，人担心荣辱就像担心身患大病一样。

为什么宠辱若惊？相对于施宠者，被宠爱者身份低下，因此他在得到宠爱时会很惊喜，在失去宠爱时会很恐慌。

宠辱都是大祸患，但为什么人们像重视生命一样重视它？人们之所以有祸患，是因为有身体和私欲。如果没有这些，哪里会有什么祸患？

如果一位领导者担心的不是个人荣辱，而是天下，他能够像爱惜自己的生命一样尊重万物、爱惜天下，那就可以把天下托付给他。

工单纯开朗，人际关系相对简单，大家沟通起来很顺畅，员工没有那种胆怯、小心翼翼的感觉，做事也更真实，就事论事，一是一，二是二。

而平庸的企业，都有一种"官僚气"。在这样的企业中，你能很明显地感受下级对上级的尊重、顺从，甚至唯唯诺诺；大家都很会做人，表面上滴水不漏、正能量满满，但私底下总免不了各种充满无奈的抱怨。这样的企业，做事也流于形式，热火朝天地瞎忙乎，和影子作战。

在优秀的组织中，"太会做人"其实是缺点！人的专注力是有限的，太会做人，通常就要耽误做事。

有些人，把讨得领导欢心作为自己最重要的工作标准。被领导表扬两句，就开心得不得了；被领导批评两句，就很沮丧！宠辱之间，情绪波动很大。

这样的人，不值得托付要事，因为他们总是以自己的利益作为考虑事情的第一标准，这就是"贵大患若身"。

宠辱只是我们对外界刺激做出的情绪反应，其实，本无宠辱，只有得失。得失心之所以存在，是因为自我太大。这是一个糟糕的循环：一个人自我越大，得失心就越重，就越会宠辱若惊，因为他时常会被得失和宠辱搞得一惊一乍的，整个人都不好了！

所以，要警惕我们的这种患得患失的心态。只要宠辱不惊了，我们就不用拍马屁、看脸色了，就可以简单做人、专心做事了。

而在很多组织中，情形恰恰相反：上司皱皱眉，下面的人就吓得屁滚尿流，整天没心思好好做事，而是在揣摩上司的好恶——大家把自己的那点儿心思都花在做人上了，把做人这事越搞越复杂。真是可悲！

《道德经》第13章其实就是在讲，不太关心自己个人的荣辱得失，非常关心事情做得对不对、好不好的人，才值得托付。

在一流的组织中，员工简单做人，用心做事。在三流的组织中，员工做人很用心，做事很马虎。

把心思用在提高客户满意度上，用在提升工作和产品质量上，做人就简单了；把心思用在人际关系上，用在争权夺利、曲意奉迎上,做人就复杂了。

人的脑子就这么点儿大,满脑子如何做人,哪能好好做事?领导者只有自己"用心正、做事专",才能打造出"简单做人、用心做事"的高绩效团队。

> 《道德经》第14章
>
> 视之不见,名曰"夷";听之不闻,名曰"希";搏之不得,名曰"微"。此三者不可致诘,故混而为一。
> 其上不皦,其下不昧,绳绳兮不可名,复归于无物。是谓无状之状,无物之象,是谓惚恍。迎之不见其首,随之不见其后。
> 执古之道,以御今之有;能知古始,是谓道纪。

更高维度的智慧

人类是三维生命体,可以在立体空间里活动,甚至能感知到第四维——时间。

每个维度的生命,只能在自己的维度里形成认知,低维的生命很难理解高维的生命。

人类的认知也跳不出四维。由点、线、面构成的三维空间,我们可看可摸;以分子态存在的气与味,我们可尝可闻;光和声音的折射波,我们可用视觉和听觉来感知;时间这个维度,我们能靠观察日月星辰和季节的变化来感知。

我们的眼、耳、鼻、舌、身形成一个信息接收与反馈系统,它们让我们与世界建立起联系,但我们接收到的信息并不是绝对的"真",只是我们根据生存所需而截取的部分有用的信息。

看它看不见，所以名叫"夷"；听它听不到，所以名叫"希"；碰它碰不到，所以名叫"微"。其色、声、形这三种状态无从究诘，但它们是混为一体的。

　　它上面不光亮，它下面不阴暗，绵绵不绝而不可名状，一切运动都会回到没有形体的状态。这是没有形状的形状，不见物体的形象，叫它"恍惚"吧。迎着它，看不见头；随着它，又找不见尾。

　　掌握了早已存在的"道"，就能驾驭今天的一切事物；什么时候人类能够了解宇宙的起源，才算真正掌握"道"的规律啊！

　　佛经里说，"色即是空，空即是色"，人所见所感的一切，其实都是梦幻泡影。比如，可见光只在自然光谱中占很少的一部分，红外线、紫外线、X光射线，我们都看不到；而色更是一种"幻觉"，它只是可见光在不同材质上的折射罢了。

　　不论是佛家的"空"，还是老子的"无"，都不是绝对意义上的"没有"。宇宙中很多东西都超越了人类的感知，比如暗物质。

　　佛家讲"空生妙有"，老子说"无，名天地之始"，意思差不多：万事、万物、万有，都产生于我们所认为的那个不存在的存在。有些不存在的存在，超越了形式，哲学家称之为"形而上"。

　　"道"就是一门形而上的学问，老子是一位负责的老师，

为让我们这些低维生命能理解,他用我们这些三维物种所能理解的方式,在《道德经》第 14 章描述了道的模样:

这是没有形状的形状,不见物体的形象,叫它"恍惚"吧。

可以想象一下老子讲课的样子。他静坐在一棵大槐树下,沉默良久,慢慢睁开双眼,对旁边的学生说:

"我曾告诉过你们'道可道,非常道',用我们的语言很难说得清'道'究竟是什么样子。但如果你非要问,那我就说个大概吧。

"道是客观存在的,但我们人类却看不见、听不着、摸不到!它是没有形状的形状,没有物体的物体,但在恍惚之间,我们却常能感觉到它!"

道是世界上久已存在的终极规律,它是超越经验的。人们可感知的一切规律,只是这个终极规律的衍生品,人类所了解的一切自然科学、社会科学的规律,都因这个终极规律而存在某种内在联系。

也许,老子曾进入更高的维度,他切切实实地感知过玄妙无比的道,只是回到三维世界,用常人的语言说出来,便使人不知所云。

> 《道德经》第15章
>
> 古之善为道者，微妙玄通，深不可识。夫唯不可识，故强为之容：豫兮若冬涉川；犹兮若畏四邻；俨兮其若客；涣兮其若释；敦兮其若朴；旷兮其若谷；混兮其若浊。
> 孰能浊以静之徐清；孰能安以动之徐生。保此道者不欲盈。夫唯不盈，是以能蔽而新成。

跳出命运的必然性

有位创业者曾问我："你说手机号有凶吉之分吗？有人说我这个号不太好，我要不要换一个？"我说："你一直用这个号，创业不也挺成功的吗？"

中国素来有"一命、二运、三风水"之说，本节讨论的内容就和命运有关。请先花10分钟做一道题，以便让你理解命运。

拿出一张白纸，列出你熟悉的5个人的姓名，然后分别预测一下，他们20年后的事业成就、家庭和健康状况。你最看好谁，最不看好谁？为什么？

你是不是觉得自己也能看个七七八八？"三岁看大，七岁看老"的说法也许有点夸张，但有些人，的确可以一眼看到底。

上古那些善于为道之人，微妙玄通，静密幽深，测不准，不可识。正因为难以测识，只能勉强形容他们：

小心慎重啊，像冬天踩薄冰过河；戒备警觉啊，像防备邻国的进攻；恭敬庄重啊，像要去别人家做客；融和放松啊，像冰块在春天消融；敦厚纯朴啊，像未经加工的素材；旷远豁达啊，像幽深宽广的山谷；浑朴包容啊，像汇流混浊的河口。

谁能让混浊在安静中得以慢慢地澄清？谁能让安定在变动中慢慢地出现生机？唯有道啊！懂得保持道的人，事不做满、人不自满。因为留有余地，所以总有新的可能性。

"嗜欲深者天机浅"。世人大多被名利纠缠，都是欲望的奴隶，逃不脱习性的枷锁，这些人的命运也就能一眼看穿。

但有些人的命运，连老子都觉得深不可测。老子在第14章描述了道的样子，在第15章告诉了大家善为道的有德之人的样子。

以老子的学识和修为，他应该很好地掌握了《易经》中所记载的预测占卜之术。但奇怪的是，他从来不谈预测占卜，只是不厌其烦地告诉世人，世界的规律是什么，人应该如何遵循规律去正确地工作和生活。

如果把时间想象成一条河，在河水中漂着的各种木头，可以分为两类。

一类木头不论大小、材质和形状，都在顺着河水漂流，有些能顺利地漂进大海，有些只能卡在河岸的某个石缝里慢慢腐烂。这类木头的结局取决于"概率"。

还有一类木头，是由艄公驾驭的木筏，驾驭者熟悉水流的规律，并顺应规律驾驭木筏，途中会出现不少突发情况，但艄公总能因势利导、化险为夷，最后把木筏运到目的地。

人也是如此。

有一类人随波逐流——随着环境的波，逐着欲望的流，看上去很努力，其实一生都在被人性操纵，跳不出命运的"必然王国"。所以，他们信算命之言，通常也容易被"算准"。

还有一类人能驾驭命运。他们能不断总结规律，不断完善自己的原则，驾驭自己的欲望和习性，掌握命运的主动权。

后一类人是老子眼中的"善为士者"，他们谦虚谨慎、危机感强、自律而不自负、做事简单求本质、做人朴实而洒脱，越有成就越知道自己的渺小，活到老学到老，永葆年轻的心和头脑。

这类人的品质，就是老子说的"豫""犹""俨""涣""敦""旷""混"和"不欲盈"，这些品质并非天生就有的，而是"善为士者"遵道而行修出来的厚德。

"善为道者"能进入"自由王国"，有无穷的可能性。在算命先生看来，他们已经"跳出三界外，不在五行中"，深不可测，很难算准，所以老子才会说他们"微妙玄通，深不可识"。

稻盛和夫是一位掌握自己命运的大德,他曾说:"人有命运,但算命却没有必要,与其占卜、烧香拜佛,不如与人为善,为别人多做好事。只要这样做,人生就能变得美好。"

命运的道路,其实可以自己走出来,但怎么走,选择权在自己手中!

> **《道德经》第16章**
>
> 致虚极,守静笃。万物并作,吾以观其复。
> 夫物芸芸,各复归其根。归根曰静,是曰复命。复命曰常,知常曰明。不知常,妄作凶。
> 知常容,容乃公,公乃全,全乃天,天乃道,道乃久,没身不殆。

放下杂念,专注本质

近几年,在夏天最热的那几天,我都会和几位友人去杭州径山寺避暑,顺便随法师一起打坐、参禅,体验一下佛教文化。

给大家介绍一下坐禅的过程。

关掉手机,安静地进入禅堂,先绕圈快走,完成热身,然后上禅凳盘腿而坐,膝上搭好布毯,双手扣于丹田,背部挺直,敲三下木鱼后,铜铃一响,就开始调匀呼吸,放下杂念,什么都不想。大约坐一个小时,听见铜铃再响,就算完成一个小节,可以喝点茶,活动活动筋骨,然后继续。

这看起来简单,做起来很难。平时我们忙忙碌碌的,满脑子都是事情,突然一下子什么都不能想,简直一分钟都做不到。各种回忆、假设、想象、担心、计划、情景……有意思想保持虚空，内心安守宁静，做到极笃的境界，才能从万物的生生不息中，观察到事物循环往复的规律。

万物纷纷芸芸，最终回归它们的根本。回归根本叫作静，静才是生命的本原。回归本原是恒常的规律，认识这种规律才算明白通透。不了解恒常的规律，轻举妄动就会带来灾祸。

认识到恒常的规律就能包容一切，包容一切才能大公无私，大公无私才算周全，周全才符合自然，符合自然才顺应大道，顺应大道方可长久，方可永远不会让自己处于危险的境地。

义的、没意义的事物都喷涌而出，消掉一个又生一个，简直是按下葫芦又起了瓢。

这时，想起法师所教的"观呼吸"——把注意力集中在鼻孔内侧，关注空气进入鼻孔时的触感，每一次呼吸数一个数字，从一数到十，循环往复。

但没数到几个循环，就会感觉头脑下垂、昏昏欲睡，挣扎着直起腰，想竭力保持清醒，又突然听见旁边的呼噜声……这时，腿又开始麻了……

感觉时间变得很慢，虽然内心无比期待铜铃响起，但只能苦熬。一个小时，如果是刷短视频、打游戏或者看电视剧的话，一下子就过去了。但在打坐时，这一个小时却会让人感觉漫长无比，思绪也根本无法放空——杂念真多。

打完坐却会有种说不出的舒服,走出禅堂,看见一草一木,都觉得通透了许多。

佛家认为欲望是一切痛苦之源,放下欲望才能脱离苦海。打坐,是一种放下欲念的刻意练习,让人的内心指向"空",从而跳出欲望的束缚,获得解脱。

2005年,美国国家科学基金会发表的一篇文章说,普通人的脑海里每天会闪过1.2万至6万个念头,其中80%的念头是消极的,95%的念头与前一天的完全相同。

古人的信息量比现代人少很多,生活节奏慢,所以他们更能感受到静定的智慧。《大学》里也说:知止而后有定,定而后能静,静而后能安,安而后能虑,虑而后能得。

打坐是静定的功夫,安静下来,杂念下去,人才能专注,看清事物的本质。老子说"致虚极,守静笃",然后才能"万物并作,吾以观其复",说的就是这个意思。

领导者很难去避世修行,但可以学习和修炼静定功夫。比如,对待工作也可以像"观呼吸"一样,把自己的关注点聚焦在最重要的事情上,越是保持这种专注,就越能避免无效的干扰,越能明心见性、充满智慧。

> 《道德经》第 17 章
>
> 太上,不知有之;其次,亲而誉之;其次,畏之;其次,侮之。信不足焉,有不信焉。
> 悠兮其贵言。功成事遂,百姓皆谓:"我自然"。

无为而治,才能生生不息

2018 年夏天,我和一些企业家去日本考察,顺便访问了一家叫前泽工业株式会社的企业。这家企业成立于 1937 年,专门生产给水阀门,规模不大,约有 670 名员工,年销售额 12 亿元人民币。

访问结束时,接待方与我们在企业门口的一个小花园合影留念,花园里有一尊企业创始人前泽先生的铜像。

在回程的中巴上,我们就企业在其创始人离世后该不该立铜像的问题,展开了一番激烈的讨论。

在日本,企业家的铜像比较多见,我在松下、花王等大企业都见到过其创始人的铜像,但前泽工业的规模和我们这些参访者的企业差不多,所以大家感觉"立铜像"这种事,一下子变得"触手可及"。

> 最高境界的领导者，大家不知道他的存在；第二层境界的领导者，大家都很爱戴他，会赞誉他；第三层境界的领导者，大家都畏惧他；最差的领导者，大家都轻侮他。领导者失去了诚信，人们就会不再信服于他。
>
> 最好的领导者，悠悠然，不轻易发号施令。事业成功了，大家觉得没什么，都说："我们本来就是这样的。"

能立铜像的企业，首先要活得久，至少要比其创始人的寿命长。其次，铜像立了后，还要能保得住，至少不会在某一天被卖到废品回收站。

所谓的百年企业，也可以理解为在创始人"百年以后"依然能发展得很好的企业。立铜像的意义，在于检验企业没有了创始人之后是越来越好，还是江河日下。

创始人只有建立机制、摆脱人治，才能把企业带到一个新的高度，让企业在离开创始人以后还能健康发展，否则，就算立了铜像，也不能保证这尊铜像最终不会躺在废品回收站里。

所谓的无为而治，就是企业能摆脱对企业家的依赖，具备自我发展、自我修正的机制。这让我想到老子在《道德经》

第 17 章中，对领导力有四个层次的定义：

最高境界的领导者，大家都只知道他的存在；

第二层境界的领导者，大家都很爱戴他，会赞誉他；

第三层境界的领导者，大家都畏惧他；

最差的领导者，大家都轻侮他。

华为的营业额超过 1000 亿美元后，国内很多企业家都去学习华为的管理模式，但是，大家真正要学习的，应是任正非在 20 多年前就想明白的一些事情。

1998 年，华为创立 10 年，营业额刚过 10 亿美元，任正非就认识到要慢慢淡化企业家对企业的直接控制，让企业家的更替和生命终结，与企业的命运相分离。他说："长江就是最好的无为而治，不管你管不管它，都不废江河万古流。"

2003 年，任正非在华为内部的管理培训班上，再次阐述了他对领导力的认识，他说："企业家在这个企业没有太大作用的时候，就是这个企业最有生命的时候。所以，企业家还具有很高威望，大家都很崇敬他的时候，就是企业最没有希望、最危险的时候。"

这认识真深刻！任正非只追求"下知有之"的最高境界，"亲而誉之"都被认为是最没有希望、最危险的信号。

很多企业家在企业的存在感都超强，他们整天忙着谈项目、跑资金、见领导，每天发号施令，日理万机，企业根本离不开他们。你问他们为什么这么忙,他们通常会告诉你"手下没有人才"。

越是没有人才,他们对人越苛刻,见谁都觉得不满意。时间长了,大家就都怕他们,甚至还会在背后抱怨他们,不知不觉中,他们便会跌落到领导力的最低境界。

"下知有之"并不是鼓励大家当甩手掌柜,啥都不管。相反,要达到这个境界,企业家需要付出极大的努力,建立不依赖任何个人、不依赖外部资源却能源源不断产生发展动力的系统,这个系统建成了,企业才能生生不息,企业家才能安心地把铜像立在那儿。

> //《道德经》第18章
> 大道废，有仁义；六亲不和，有孝慈；国家昏乱，有忠臣。

越缺什么越喊什么

中国人的道德观受儒家文化影响颇深。传统上，中国人认为，所谓的道德，就是在外要忠君爱国，在家要慈孝和睦，做人要有仁有义。

但在老子看来，这些都是失道失德的表现，人们正是因为偏离了大道，才需要强调仁义忠孝。在真正有道德的状态下，忠孝仁义是理所当然的事情，不需要赞美，更不需要强调。

这让我想起禅宗六祖惠能的故事。惠能本姓卢，南海新兴人。因早年丧父，家境贫寒，从小就要帮家里干活儿，所以他没机会上学识字。

有一天，他在集市卖柴时，听到有人在诵读《金刚经》，感觉顿悟佛法，便安顿好家中老母，辗转前往蕲州，拜在禅

> 大道被破坏了，才需要仁义来维持；家庭不和睦，才需要强调孝和慈；国家昏乱到撑不下去了，才会需要忠臣。

宗五祖弘忍禅师门下，学习佛法。弘忍禅师把他安排在厨房干粗活儿。

某天，弘忍禅师把诸弟子叫到跟前，让大家各做一首偈诗，如果谁能悟到佛法的真谛，便把衣钵传给他，认他为禅宗第六代祖师。寺院中的优等生神秀在墙上写了一首偈诗："身是菩提树，心如明镜台。时时勤拂拭，勿使惹尘埃。"

师兄弟们看了纷纷表示赞许，觉得这衣钵肯定非神秀莫属。惠能不识字，听人传诵此偈诗后就知道神秀师兄还未开悟，便托一个会写字的同学，也在墙上写了一首偈诗："菩提本无树，明镜亦非台。本来无一物，何处惹尘埃。"

弘忍禅师一见此偈诗，便知道不识字的惠能才是开悟之人，可担心他资历浅而无法服众，便半夜悄悄把衣钵传给他。惠能带着衣钵潜往岭南,从此禅宗分为南北两宗。

惠能比神秀师兄高在哪呢?高在他悟到了"佛性本空"——如果什么都没有,到哪里去惹尘埃呢?若需要"时时勤拂拭",不就是因为尘埃太多吗?

这个道理,和老子在《道德经》第18章里所讲的思想是相通的:人们总是越缺什么越喊什么。

如果没病就无须良药。许多东西人们觉得好,是因为它能弥补不好。比如那些名贵的滋补药材,人参可以补气,灵芝可以安神,但人们之所以需要滋补,不正是因为身体亏空太多吗?

如果理应做的事情都被称赞为"仁义",只能说明这个世界已陷入混乱,缺乏基本的信任;如果孝慈需要被赞扬,说明社会上的亲子关系已经普遍不好了;如果忠诚的部下特别突出和难得,恰恰表明组织已经非常昏乱。

仁义、孝慈、忠诚都是人理应具备的,如果这些要被强调、被推崇,说明这个世界已经人心败坏,正在反向而行!

鱼在水中,不觉得水重要;人类时时刻刻都在呼吸,不觉得空气重要。如果家里的空气净化器越来越高级,就说明PM2.5越来越"浓郁醇厚"啊!

正因为如此,老子才会对他所处的这个崇尚仁义、孝慈、忠诚的时代,感到失望。

> //《道德经》第19章
> 绝智弃辩，民利百倍；绝伪弃诈，民复孝慈；绝巧弃利，盗贼无有。此三者以为文，不足。故令有所属：见素抱朴，少私寡欲。

精明算计，不如清澈干净

电影《教父》中有一句经典台词，大意是：半秒钟能看清一件事本质的人，和半辈子都看不清一件事本质的人，命运截然不同。其实，洞悉本质的能力不在于人的脑子有多聪明，而在于人的内心有多宁静。

春秋时期的鲁国，有个叫庆的木匠，他非常善于用木头削制镶，见过他制作的镶的人，无不惊叹地说："这一定是鬼神的手艺，绝非人力所为！"

鲁国国君见了庆，问他："你到底是用什么妙技做出来的？"

庆回答说："我只是个木匠，哪里会什么妙技。虽说如此，我还是有一样本事。我从准备做镶时起，便不敢耗费一丝精力，以斋戒静心。斋戒三天，就不再想受赏、封爵和拿俸禄等名利之事；斋戒五天，就不再管别人的褒断绝了机智，抛弃了诡辩，人民就可以得到百倍的好处；杜绝了虚伪，放弃了欺诈，人民就可以恢复孝慈的天性；杜绝了投机取巧，放弃了追逐利益，盗贼就会自然消失。智辩、伪诈、巧利，这三者全是巧饰的，不足以用于治理天下。所以，要使人有所归属，就应该彰显素直，拥抱质朴，少一点私心，少一些欲望。

贬、赞叹和诽谤了；斋戒七天，就仿佛忘掉了自己的四肢和形体，进入了忘我之境。这时候，我心神专一，就不知有朝仪，外界的扰乱全都消失了。然后，我进入山林，观察树木的天性，寻找与我心中的镰最相合的。当合适的树木出现在我眼前时，我便取回来，着手加工，镰就这样做成了。我做的事情无非叫作以天合天，就是我的天性和木材的天性相结合。所以镰制成以后，便被人疑为鬼斧神工！"

庆之所以能成为伟大的匠人，是因为他能看到树木的本质（天性）。类似地，企业家要成为伟大的领导者，就需要有看清商业和市场的本质、看清人性和组织的本质的能力。

看不清本质，是因为把利益看得太重，太爱耍聪明，喜欢追求在"智辩"上高人一筹,喜欢用"伪诈"获得更多的"巧利"。做出这种事情的看起来很精明的人,却常常在重要的事上犯糊涂。

在组织当中,员工的行为只是领导者行为的投影。领导者善于算计,员工再怎么努力也得不到实际的好处;领导者虚伪狡诈,员工就会恶毒地盼着领导摔跟头;领导者满脑子都是个人的名利,员工做事也会不择手段。

老子告诉领导者,如果想让员工忠实厚道、孝慈可靠,先要自己放弃智辩、伪诈的行为方式,放下对巧利的盲目追求。

不丹国王旺楚克曾经说过,每个人心里都有两条龙,一条善龙,一条恶龙,你喂养哪条龙,哪条龙就会变大。人的本性有"善""恶"两面,最后倒向哪一面,全在个人自己的选择。

好的领导者,能把人们心中的"善龙"喂大,把"恶龙"饿死。糟糕的领导者,恰恰相反。而喂龙的方法,老子已经教给了我们,就是:绝智弃辩,绝伪弃诈,绝巧弃利,见素抱朴,少私寡欲。

坚持按老子说的去做,你的内心会越来越干净清澈,洞悉事物本质的能力也会越来越强,带领的团队也会越来越多地显现出"性本善"的光芒。

> **《道德经》第20章**
>
> 绝学无忧。唯之与阿,相去几何?美之与恶,相去若何?人之所畏,不可不畏。
> 荒兮,其未央哉!众人熙熙,如享太牢,如春登台。我独泊兮,其未兆,如婴儿之未孩;儡儡兮,若无所归。
> 众人皆有余,而我独若遗。我愚人之心也哉,沌沌兮!俗人昭昭,我独昏昏。俗人察察,我独闷闷。澹兮其若海,飂兮若无止。众人皆有以,而我独顽且鄙。
> 我独异于人,而贵食母。

追求真理,而非世俗名利

什么叫庸俗?有一种开玩笑的说法是,"一件事情支持的人多了,它就庸俗了"。可是,这个世界的确遵循二八法则,大部分人都在追求名利上的成功,不过,真正能取得这种成功的人,总是少数。

但是,又有那么极少数人,认为追求世俗的成功是一件很庸俗的事,他们追求的是生命的大道,对于这些人来说,能够生而为人是偶然又短暂的事情,必须在这短暂的一生完成最重要的使命——不是生儿育女、发家致富,甚至不是扬名立万,而是求道、开悟、接近真理。

在信奉宗教的人里面,抱有这种想法的人不少,但在老子那个宗教影响并不大的年代中,也有这样一些极少数的人,他们就是老子眼中的"为道者"(当然,也包括老子本人)。

摒弃了异化之学，内心才不会被搅扰。那些对你唯唯诺诺的人，和那些对你呼来喝去的人，难道差别很大吗？人性的良善面与丑恶面，难道离得很远吗？但大家所畏惧的，我也不能不畏惧。

我的精神如同荒原般开阔，仿佛没有尽头。

世人都喜欢熙熙攘攘地凑热闹，就像去参加盛大的祭祀活动，又像春天登临楼台远眺美景。我却喜欢像一个未开窍的婴儿一样独处，淡泊宁静，让思绪漫无目的地自由飘荡。世人都希望自己富贵有余，我却希望自己扔掉名利！我真是愚人的心肠，看起来混沌无知。世人都很希望聪明，我却追求糊涂。世人都志向远大，我却让自己冥顽不化、鄙陋寡闻。我沉静的样子，好像湛深的大海；我飘逸的样子，好像永无止境。世人都希望有所施展，唯独我愿意顽愚而拙讷。我的追求看起来异于常人，那是因为我非常珍惜大道母体中的养分啊！

由于他们的追求和世人不一样，所以在世人眼里，他们特立独行、不可理喻，但他们甘愿与世人逆向而行，毫不在乎世俗的眼光。

老子在《道德经》第20章中，就描绘了"为道者"的异俗之像，他是这么说自己的：**世人都希望自己富贵有余，我却希望自己扔掉名利……世人都很希望聪明，我却追求糊涂；世人都志向远大，我却让自己冥顽不化、鄙陋寡闻。**

老子的追求是不是让人觉得很可笑？当然可笑，"不笑不足以为道"嘛。但这是老子的坚持，是他的价值观的体现。为什么老子有这样的价值观？因为他的人生追求和世人不一样。

世人追求业绩、追求荣誉、追求人前显贵，比如回家过年时，街坊邻居都或明或暗地互相攀比，但他们攀比的是德行吗？不，攀比的是谁当的官大、谁开的车贵、谁家的孩子有出息。

攀比所依据的尺度来自价值观，而价值观的背后是人生观，人生观的背后是世界观。

相信成功学，势必计较名利；相信大道，就会追求德行。老子必然是孤独的，否则就不会有孔子的那一声叹息："吾未见好德如好色者也！"

真理和名利同时放在天平上，天平会如何倾斜呢？这要看观察者的世界适用什么法则，而观察者相信什么，就会有什么样的选择和行为。所以，知行合一的关键，其实还是在于是否真的相信所知。

· 第三篇 ·
敬畏手中的权力

> **《道德经》第 21 章**
>
> 孔德之容,唯道是从。
> 道之为物,唯恍唯惚。惚兮恍兮,其中有象;恍兮惚兮,其中有物。窈兮冥兮,其中有精;其精甚真,其中有信。
> 自今及古,其名不去,以阅众甫。吾何以知众甫之状哉?以此。

跨越所有维度的存在

《道德经》的字面意思并不难懂,难的是看得懂每一个字却不知道它在说什么,也许因此很多人把《道德经》归入玄学。老子描述"道"的言语含糊不清,但他对"道"的作用又确信无疑。

《道德经》主要讲"道"与"德"。道是无形的规律,德是道的外在表现。道产生万物,并作用于物,它透过万物的运动和发展所显现的功效和属性就是德。

德是道的外在表现,那么道又是什么呢?老子在《道德经》第 21 章中是这样回答的:

孔德之容,唯道是从。道之为物,唯恍唯惚。

"孔德之容"的"孔"是什么?孔与洞是不同的,孔比洞小,是通向某个源头的入口,如毛孔,非常微小但通向汗源源不断的德，形态跟随道变化。

道这个东西，是恍恍惚惚的。那样的恍恍惚惚，其中却有迹象；那样的惚惚恍恍，其中却有实物；那样的深远暗昧，其中却有精质；那样的暗昧深远，其中的精质却是可以验证使人确信的。

从当今上溯到古代，它的名字永远没有消失，依据它才能认识万物的本质。我怎么知道万物本始的情形呢？就是因为道啊。

腺。"孔"字的象形字展现的是婴儿吮吸乳汁的样子——源源不断的乳汁，被婴儿从乳头的小孔中吸出。

"孔德"就是源源不断冒出来的德行。这样的德行，不是人自发产生的，而是源自"道"——道是德的源头。道无穷无尽，德行才源源不断，脱离了道的德，就像没有母乳的婴儿。

而"德"字的象形字展现的是一只眼睛看着道路的样子。看清楚道路，并沿着大道前行就是德，所以它"唯道是从"。

老子说，道这个东西，是恍恍惚惚的。那样的恍恍惚惚，其中却有迹象；那样的惚惚恍恍，其中又有实物；那样的深远暗昧，其中却有精质；那精质是真实存在的，而且可验证确信。

一般人听到这种回答，恐怕会觉得老子是"大忽悠"。我反复琢磨，也是惚兮恍兮、恍兮惚兮，直发蒙！

直到某天，我听了清华大学李铁夫副教授的"量子计算与世界观"讲座，在某个瞬间似乎明白了老子在说什么。

李铁夫的讲座捋了一遍人类世界观的发展过程：从神话传说，到古希腊哲学家的思考；从文艺复兴时代的"日心说"，到牛顿、爱因斯坦的伟大理论。

技术发展和科学进步是相互作用的。当人类观察世界的尺度发生变化时，新的谜题就会诞生，若某个天才解开了谜题，科学就会跃进一大步。随后，技术应用跟上，人类又会观察到更大或更小尺度的世界，又会出现新的谜题……

李铁夫在讲座中，频频提到"不知道"——宇宙诞生于奇点大爆炸，奇点从哪里来？它为什么会大爆炸？不知道！

光速是速度的极限，接近每秒30万公里。如果在以光速飞行的飞船上向前射出一束光，这束光的速度依然是接近每秒30万公里，一米也不会增加。为什么会这样？不知道！

量子级尺度的物体，都具有波粒二象性，既是粒子又是波，观测其波动性时它们就是"波"，观测其粒子性时它们就是"粒子"，观测结果取决于观测者的主观性。为什么会这样？不知道！

当我听得惚兮恍兮、恍兮惚兮时，李铁夫说："人类生活在三维世界，有根深蒂固的三维思维范式，有三维思维的语言。很多在人类看起来矛盾甚至互斥的东西，在更高的维度上是统一的！只是我们的大脑无法理解，就算理解了，语言也无法表达！"

道是跨越各个维度的终极存在，老子对它深信不疑。只是当我们站在三维的人类角度来看它时，我们无法理解，难以表达。

我这个愚蠢的脑袋，无法理解老子的智慧从何而来，但我相信，随着物理学的发展，人们终有一天能明白老子在说什么。

> //《道德经》第22章
>
> 曲则全，枉则直；洼则盈，敝则新；少则得，多则惑。
> 是以圣人执一为天下式。不自见，故明；不自是，故彰；不自伐，故有功；不自矜，故能长。
> 夫唯不争，故天下莫能与之争。古之所谓"曲则全"者，岂虚言哉！诚全而归之。

以自我为中心，是失败的开始

海尔集团的展厅里有一面大镜子，上面印着张瑞敏说的一句话："能阻挡我们的只有我们自己。"

此话不假。我见过很多领导者，从新上任的部门经理到经验丰富的CEO，凡遇到发展瓶颈的，瓶颈几乎都是"自己"，只是很少有人意识到这一点，但这恰恰是领导者失败的重要原因。

老子在《道德经》第22章中提醒大家千万别以自我为中心，并提出了领导者应当警惕的四种"自我中心"意识。

第一种是"自见"，就是过分关注自己。有些人不但自己过分关注自己，而且觉得整个世界都在关注自己。

很多人在公开演讲时会紧张，原因是过于担心自己在众人面前的表现不好，怕犯错，怕出丑。其实，"你"并没有弯曲柔软才能保全，屈就反而能伸展；地势低洼容易积满雨水，事物衰败才能更新换代；聚焦专注才能得到硕果，贪多求大反而进退失据。

　　有智慧的人坚守这一原则，把它当天下事理的范式。不过分关注自己，才能明白事物的本质；不自以为是，反而能彰显；不夸耀自己，反而能见功；不自我矜持，反而能长久。

　　不要去争斗，心中无敌，自然天下无敌。老理儿说"弯曲柔软才能保全"，你以为是假的吗？听话照做，你一定会满载而归。

那么被关注，要知道一个残酷的事实——大部分时间人们都在关心自己，没时间关注"你"。

　　过于关注自己，头脑就会被各种评判和担心占据，就无法分清事实与感受，看问题自然就不客观、不明了。

　　所以，与其关心别人怎么看自己，不如把注意力集中在自己要做的事情上。

　　第二种是"自是"，就是自以为是。很多人在生活和工作中都会遇到瓶颈，再怎么努力也无济于事，有一种被卡住的感觉。但卡在哪儿呢？

　　那个卡住人的东西叫"我是对的"！

　　现在困扰"你"的，是"你"过去的行为；"你"之所以会有那样的行为，是因为"你"认为那样做是对的。如果

"你"一直坚持"我是对的",那么所有的问题都无解。

爱因斯坦曾说:"由某种心智模式产生的问题,如果用同样的心智模式去解决,是一定行不通的。"

第三种是"自伐",就是自我夸耀。有个成语叫"矜功自伐",出自《三国志》,是形容魏国大将邓艾的个性的。邓艾战功赫赫、忠心耿耿,却遭司马昭猜忌,落得父子被杀的下场,这和他自视过高的性格有很大关系。

喜欢自我夸耀的人,就算有功绩,其功绩也容易被抹杀。更何况,这种性格不利于团结,指望他摔跟头的人一定比盼望他成功的人多。有这种性格的领导者,又怎么做得出业绩呢?

第四种是"自矜",就是过于矜持,自怜自惜。老子认为这样的人无法长久。

阿里巴巴的人才观很有意思,八个字:聪明、皮实、乐观、自省。皮实的反义词就是矜持。真正的领导者,要经得起失败,经得起折腾。

皮实的人,能坚持从失败中爬起来,坚持反省每一次失败的内因。用这种态度做事,成功只是时间早晚的问题。

领导者真正要战胜的人不是对手而是自己。那些成功的领导者不会把精力放在与别人的争斗、比较之上,而会努力从以自我为中心的圈子中走出来,去看更广阔的世界,使自己成为更好的自己。这就是老子说的"不争之德"。

> 《道德经》第23章
>
> 希言自然。
> 故飘风不终朝,骤雨不终日。孰为此者?天地。天地尚不能久,而况于人乎?故从事于道者,同于道;德者,同于德;失者,同于失。
> 同于德者,道亦德之;同于失者,道亦失之。

用平常心做好平常事

在私董会上,企业家提得最多的困惑是:"我如何让员工保持对工作的激情?"

这个问题比"如何让爱情保持激情"还难回答。恋爱时的激情拜"多巴胺"所赐,根据美国康奈尔大学的辛迪·奈克博士的研究结论,激情的"保质期"也就18个月。居然有人希望对工作的激情比对恋爱的激情还长久。

激情是一种强烈的、爆发性的情绪状态,它并不是情绪的常态,精神正常的人很难长期处于这种状态中。

问题是,如果不持续调动员工的激情,企业就无法成功吗?

几年前,我在日本国会大厦的一个会议室里,见到了无印良品的前社长松井忠三,他讲话语调平缓,神情温和,始大道自然而然地运转，少言寡语。

所以，狂风刮不了一上午，暴雨下不了一整天。谁带来的狂风暴雨？是天地。天地的激情都不能持久，何况人呢？所以，追求道的人就合于道；追求德的人就合于德；而失道失德者，就会丧失所有。

合于德的人，道会加持他的德；丧失所有的人，道也会彻底抛弃他。

终是一副"没有激情"的样子。

松井忠三1949年出生于日本静冈，24岁大学毕业后就进入西友百货，直到43岁才被派到良品计划，大部分时间都在分管总务、人事。

2001年，经过十几年高速发展的无印良品遇到了发展瓶颈，年净利润从50亿日元降到几乎为零，股价也暴跌85%，公司面临空前危机，时任会长不得不引咎辞职，当时已经52岁的松井忠三临危受命，成了第三任会长。

新的任命对外发布后，媒体一片哗然，认为选了这样一个没有经验的人来当会长，无印良品简直是"放弃治疗"。当时排名日本第一的股票分析师说，"零售业企业亏成这样能复活的没有先例"。还有很多媒体说："无印良品的时代已经结束了!"

但让大家意想不到的是,松井忠三上任后,仅用一年时间,就实现了公司业绩的"V形反转",并让公司再次走上了快速成长的道路。

在公司最危难的时候,松井忠三并没有把希望寄托在最优秀的员工身上,而是想办法调动普通员工的力量。他认为公司里非常出色的员工只占2%,大部分人无法达到他们的高标准,所以他们的工作方法很难推广。因此,应该制定60%的人都能达到的操作门槛较低的工作标准——只要普通员工坚持做好,就能做出不平凡的业绩。

松井忠三在谈他的这一段经历时,说得最多的就是"用平常心做好平常事",他解释说:"我只是认真分析亏损的原因,下决心做早就该做的事情而已。"

这种"平静、平常"的态度,与我在国内一些企业中感受到的很不一样。

有智慧的领导者,懂得把管理的假设建立在大概率事件之上,即大部分人在大部分时间里是什么样的状态。有效的管理就是基于这种状态,把平常的人组织在一起,让他们用平常的方法做事,做出不平常的成果。

老子在《道德经》第23章中说,狂风刮不了一上午,暴雨下不了一整天,天地的激情都不能持久,何况人呢?

看懂了这一章内容的人,对生活就不会再抱有幻想,也不会再抱怨——所有的激情和热血都是一时兴起，不要把最好或最差的状态太当真，好运气会消失，坏运气也会离去。真正决定命运的，是我们自己的选择。

松井忠三的理念是"用平常心做好平常事"，但他始终在追求"不平常的成果"，这两者看似矛盾，其实自洽。悟到了这一点，才能驾驭好经营的长久之道。

> //《道德经》第24章
>
> 企者不立；跨者不行；自见者不明；自是者不彰；自伐者无功；自矜者不长。
> 其在道也，曰：余食赘形。物或恶之，故有道者不处。

要征服世界，先要征服自己

有些人在事情的结果都出来后，还想不通；有些人能看到事物的趋势，顺势而为；还有些人在趋势还没有出现之前，就知道结果。

在时间线里还没有出现的东西，用智慧才能看清。智慧和聪明没关系，所以考试成绩好的人，不见得能过得好一生。智慧是一种德行，取决于一个人价值观的底色，有的人自小承袭，有的人在成年后才悟到。

马云在一次演讲中分享了为什么自己能走到今天，他说："我发现很多成功的人反思自己的问题为多，而失败的人永远在说别人不给自己机会。"

这个简单的认知，就是优秀与平庸的分界线！

但是，跨越这条线很难。王阳明先生说"破山中贼易，踮着脚尖的人站立不稳；跨着大步子的人根本走不远；总是固执己见的人，像盲人一样；总认为自己正确的人，反而得不到大家的认可；自我夸耀的人，做事往往没有功效；过于自尊自大的人，难以长久。上述行为，从道的角度来看，就像剩饭、脓瘤一样令人厌恶，有道之人是绝对不会这样做的。

破心中贼难"，他知道每个人都有无比强大的自我意识，这是人性的根本弱点。

要破"心中贼"，先要知道它长什么样子。老子描绘得很清楚：自不量力、自以为是、自夸自大！老子视之如剩饭、脓瘤，远远避之，但很多人却甘之如饴，这真让老子着急。

有多着急呢？老子在第22章刚说完这个问题，翻过一章就又拿出来讨论，这简直就是在"敲黑板、划重点"！

老子通过《道德经》第24章送给我们的礼物，其实是可以护持我们过好一生的智慧。

"企者不立；跨者不行；自见者不明；自是者不彰；自伐者无功；自矜者不长。"人们应该把这段话抄下来作为警句，只要避免犯这句话提及的错误，就能拥有美好的人生。

可现实中，犯这些错误的人比比皆是。

我认识的一位企业家，约20年前开始创业，因为早年的勤奋、大胆，他把企业经营得风生水起——年销售额最高时超过10亿元，成了地方龙头企业。

生意做大了，行业协会、商会都邀请他去做会长，各种机构也找他做理事、主席，评选他为杰出人物。他也很享受这种当"大哥"的感觉；照相站中心位、吃饭坐中间位，上各种论坛做主讲嘉宾，甚至去大学当了创业导师。

有了社会地位，就要把企业做得更大才撑得住场面，所以他热衷于参加各种学习，和一些"炙手可热"的人物交朋友，他们讨论的都是最先进的管理思想、最时髦的商业模式。他最喜欢在私董会上提的问题是"如何实现跨越式发展、弯道超车"。

可这两年，他的企业非但没做好，反而陷入了困局。一方面，他为朋友做的担保出了问题，银行查封了一部分账户；另一方面，建材主业遭到了竞争对手的冲击，市场份额下降，人才流失。

这就是"企者不立""跨者不行"的真实案例。

"企"的字意为踮起脚尖、显高，"不立"指站不稳。

领导者如果不往扎实处下功夫，总是谋求比自身实力更大的名声，企业就会出现业绩不稳、现金流波动大、人才流失等问题。"站不稳"的另一个表现是领导者决策没定力，想法多变，让团队成员不知所措。

"跨"是夸张地迈开双腿，"不行"就是走不了远路。

企业如果不打好基础而一味追求速度，就会出现走不远的"无力感"——为了短期目标疲于奔命，长期目标是永远到不了的彼岸。比如，每年的计划都很宏大，但大家忙来忙去，企业还是老样子。

陷入这种局面的领导者烦恼、焦躁，会寻找外因替自己开脱，他们常挂在嘴边的话是"经济下行""员工不忠诚""对手没有底线"……总之，一切都是别人的错！

如果一个领导者陷入这种状态，就非常危险了，他越抱怨、挣扎，企业死得越快！

有时候，人们越是着急摆脱困境，越会深陷困境。这时候，反而应该让自己平静下来，放下一切虚荣和贪婪，多反省自己，多听真话，回归真实。只有先从自见、自是、自伐、自矜中走出来，才能从困境中走出来。要破"山中贼"，先要破"心中贼"。要征服世界，先要征服自己那颗自以为是的心！

> **《道德经》第25章**
>
> 有物混成,先天地生。寂兮寥兮,独立不改,周行而不殆,可以为天下母。
> 吾不知其名,强字之曰"道",强为之名曰"大"。大曰逝,逝曰远,远曰反。
> 故道大,天大,地大,人亦大。域中有四大,而人居其一焉。
> 人法地,地法天,天法道,道法自然。

取法于天地,活出无限可能

2019年最有价值的照片可能就是EHT拍摄的黑洞的照片,一团模模糊糊的红光裹着一个小黑球,像拍虚了的蜂窝煤。

这张照片看似简单,却展示了两个可证明人类伟大的奇迹。

第一个奇迹是人类通过逻辑推演,准确地判断出宇宙中存在着我们用肉眼看不见的黑洞,并且能知道它们的活动特征,甚至具体位置。

第二个奇迹是人类可以经过几代人的努力,开发出精确的观测技术和计算能力,从而"看见"一个距离地球5500万光年的黑洞。

2500年前,在老子那个年代,人们还认为世界"天圆有一个东西浑然一体，在天地形成之前就已存在。它寂静无声，空而无形，却自有永有，不增，不减。它的运行无所不在，永不衰竭，可以是万物的根本和起源。我不知道它叫什么名字，姑且称它为"道"，或者，勉强给它起个名字叫"大"。它无限广大而周行不息，周行不息而伸展遥远，伸展遥远而又返回本原。

所以说：道大，天大，地大，人亦大。宇宙中有这"四大"，而人是其中之一。

人取法地，地取法天，天取法道，道就是自己的样子。

地方"；500年前，有人因相信地球不是宇宙的中心而被烧死；今天，人类却能够观测到如此遥远的黑洞。再过500年或者2500年，人类认知的发展还会有无限可能性。

在地球上的所有物种中，唯独人类才有这种"无限可能性"。其他生物的进化只是为了适应环境，它们永远不用计算黑洞的质量和地球与黑洞的距离。人类却会因为"无用"的好奇心，玩起与生存所需无关的思想游戏。

把"不可能"变成"可能"，其实是人类的本能。人类登上月球，在过去只存在于不可能的神话传说中，而今不仅登月成为现实，甚至还计划往火星移民。

有远见的人，因为相信所以看见，但在旁人眼中，这样的人不是疯子就是骗子。

稻盛和夫的经营哲学中有一条就是"追求人类的无限可能性"。他说，在工作中能够实现新目标的人，是那些相信自己的可能性的人。仅以自己目前的能力来判断自己"行或不行"的人，是无法挑战新事物和克服困难的。通过持续努力，人的能力就能无限扩展。

老子洞悉宇宙天地的无限可能性，同时看到了人类的无限可能性，他在《道德经》第25章中的话清晰、坚定又有气势。

老子相信永恒不变的大道，宇宙依据大道运作而产生无限可能性，万物依据大道运作而产生无限多样性。

老子还相信人是万物之灵，他说："故道大，天大，地大，人亦大。域中有四大，而人居其一焉。"把人类放在与大道、天、地一样的高度，就会有神奇的无限可能性！

《中庸》里说"（人）可以与天地参矣"，意思也是说，人类在造物主面前，地位与天、地是并列的。

作为个体的人，如何才能活出自己生命之"大"？老子在第25章中给的答案不那么明确，他只是说：人应该取法于天、地，取法于大道。

其实，整本《道德经》谈的都是世界如何运作，人应该如何正确地生活——人只有活出道的样子，才有德！

所以，只要践行符合道的活法，就能活出"无限可能性"，活出"人之大"，活出"与天地参"的人生价值。

> //《道德经》第26章
>
> 重为轻根,静为躁君。
> 是以君子终日行不离辎重。虽有荣观,燕处超然。奈何万乘之主,而以身轻天下?
> 轻则失根,躁则失君。

拎不清轻重,是人生的大错

晚清名臣曾国藩以善于识人著称,他在日记中总结过人的四种富贵相,分别是"端庄厚重""谦卑含容""事有归着""心存济物"。

"端庄厚重"说的是一个人的神情相貌和体态举止,"谦卑含容"说的是一个人的性格和修养,"事有归着"说的是一个人的条理性和负责度,而"心存济物"说的是一个人心地的纯良程度。

有这四种富贵相的人,值得委以重任。但是,这样的富贵相不是父母给的,而是来自个人修养的沉淀。

如果说稳重和沉静是一种美德,那么轻浮和急躁就是失德。很多人过不好一生,就是因为拎不清轻重。

"重"是永远不要忘记的。重要、慎重、贵重,大凡紧

> 重是轻的根基,静是躁的主宰。
> 所以君子出远门,每天都离不开辎重的补给。就算拥有华丽的居所,也如燕居一样超然处之。可是,为什么那么多大国的君主,却以轻率的态度对待天下呢?
> 轻率就会失去根本,急躁就会丧失主导权!

要的事物都会用到"重"字;"轻"有轻快、轻妙等好的意思,但也有轻浮、轻蔑等不好的意思。无论做什么事情,都要以"重"为主,以"轻"为从。

"静"也是不要忘记的。冷静有时甚至可以保护我们的生命。人与人之间的交涉也好,竞争也好,能保持冷静的那一方,更容易取得胜利。而"躁"是焦躁、浮躁,是一种失去自我的状态。君子要戒骄戒躁。

如果一个企业的领导者是轻率、浮躁的,他就会失去部下的信任和尊重,没事儿的时候看不出什么,他想怎么样就怎么样,一旦遇到紧急的事情,他就无法掌控全局、承担重任。

一个家庭也是如此。一家之主如果很浮躁,总是轻率地发言与行动,就不会被家庭成员尊重,家庭也会逐渐失去荣誉,最后陷入可悲的下场。

企业的领导者，其轻重是否错位事关企业生死。

如果领导者重责任、重品格、重诚信，有一颗对技术、市场和管理的敬畏心，企业就会越做越扎实，随着时间的积累，企业就会人才辈出、技术雄厚，经营起来就会越来越轻松。

如果领导者肤浅、轻率、好大喜功，一心只想用最轻松的方式赚快钱，企业的核心能力就无法形成，领导者就会纠结、急躁、扯皮推诿，最后只会觉得生意越来越难做、负担沉重。

轻重之间的选择不同，命运的终局就不同。这种区别一天两天看不出来，但只要时间长了，成败就是定数。

不论是经营个人的生活，还是经营一个企业，都经常要在轻重之间做出选择。一个人最要紧的事就是要拎得清轻重。

很遗憾，大部分人一辈子都没搞清楚这件事情，以至于人生以失败告终。

普通人拎不清轻重，无非就是耽误自己。一个企业的领导者拎不清的话，就会耽误很多人，会造成客户的失望、组织的失败、投资者的损失，还会浪费员工的大好青春。

任何轻松的背后，都有笨重的苦功夫支撑。以重为根，才能举重若轻。轻浮浅薄者，终将举步维艰。

> 《道德经》第27章
>
> 善行无辙迹；善言无瑕谪；善数不用筹策；善闭无关楗而不可开；善结无绳约而不可解。
> 是以圣人常善救人，故无弃人；常善救物，故无弃物。是谓袭明。
> 故善人者，不善人之师；不善人者，善人之资。不贵其师，不爱其资，虽智大迷，是谓要妙。

育人是最关键的工作

我国民营企业最常遇到的问题是"缺人"，大多数企业家的解决之道就是从大企业"挖人"，在他们看来，大企业的人和自己的人相比，就像"天兵天将"与"虾兵蟹将"。

但是，这些大企业的"天兵天将"是从哪里来的？难道是从更大的企业挖来的吗？

为此，我专门组织过一次研讨会，请了几位世界500强企业的人才发展专家。经过一整天交流，达成的共识是：根本就没有什么"天兵天将"，优秀的企业都是因为拥有培养人才的能力而优秀。

松下电器刚成立不久还是中小企业时，创始人松下幸之助偶尔听到客户问一位业务员："你们企业到底是生产什么的？"然后，这个业务员热情地向客户介绍企业的各种产品。

善于行走的，不留痕迹；善于言辞的，没有过失；善于算数的，不用计算工具；善于关门闭户的，不上锁他人也打不开；善于捆绑的，不用绳子别人也解不开。

因此，有智慧的领导者善于挽救人们被浪费的天分，所以没有无用之人；同样，他善于做到物尽其用，所以没有废弃之物。这正是因为他承袭了道的智慧。

所以，厚德者是德行尚浅者的老师；德行尚浅者，是厚德者的教育对象。如果不尊重老师，也不爱惜学生，那再聪明也是犯迷糊。这是个精要深奥的道理啊！

后来，松下先生对员工说："如果下次人家再问我们企业生产什么的时候，你们就回答他们说，松下电器是培养人才的企业，顺便也生产电器。"

"做产品之前先育人"不仅是松下电器所信奉的原则，也是丰田汽车所信奉的原则，后者的经营理念是：一切商品都是由人来生产的，如果不先培养人，什么工作都无法开展。

评价一家企业是否优秀，很重要的一点是看它能否源源不断地培养人才，甚至是看它能否成为行业的"黄埔军校"。通常，越是大家盯着想从中挖人的企业，越能吸引最优秀的人才。

中国有句古话叫"人尽其才，物尽其用"，对于经营者而言，这两句话是关联的——只有人尽其才，才能物尽其用。

"物尽其用"不仅要避免一切资源（如时间）的浪费，还要尽可能地提高工作和产品的附加价值。沙子的主要成分是二氧化硅，沙子每吨能卖 100 元，沙子做成的玻璃纤维每吨能卖几千元，用沙子提纯出的单晶高纯硅做成的芯片则能卖几千元一片。

在商品的附加价值背后，是人的价值。

老子在《道德经》第 27 章告诉我们，真正的大师举重若轻，他们深知事物的本质，并把这种认知变成本能，达到"不知道自己知道"的境界，出手风轻云淡，不着痕迹。而且，在他们眼中，"无弃人""无弃物"，任何人都有长处，任何物品都有价值。

老子如果讲课的话，一定会生动、简洁又深刻。他会先列举各个领域顶级领导者的样子，然后话锋一转告诉人们，顶级领导者善于激发每个人，善于利用每件物，因此在他们身边没有无用之人、无用之物、无用之功。

在这个认识的基础之上，老子认为：领导者最关键的工作就是"育人"，让先进者成为后进者的老师，先进者必须承担培养后进者的责任；人的成长是工作的全部意义之所在，忽略了这一点，就脱离了领导力的本质，领导者自己再聪明能干也是白搭。

> 《道德经》第28章
>
> 知其雄,守其雌,为天下豁。为天下豁,常德不离,复归于婴儿。知其白,守其辱,为天下谷。为天下谷,常德乃足,复归于朴。朴散则为器,圣人用之,则为官长,故大制不割。

雌柔,东方领导力的特有品质

随着中国经济的崛起,越来越多的中国企业走向国际市场,而如何赢得海外市场的尊重和信任,成为中国企业家面对的新挑战。

其实,老一代华人积累了不少"出海"的经验,值得现在的中国企业家学习和借鉴。

在一次飞往曼谷的航班上,我看了一本东南亚商人郭鹤年的传记,书里提到了一个叫陈弼臣的人,他18岁去泰国,全部家当只有一张草席和一个枕头,后来创立了盘古银行。

飞机落地后,在从机场到酒店的路上,我不断看见盘古银行的招牌,原来它是泰国最大的银行之一。

当地朋友告诉我,早年在泰国创业的华人,大部分来自广东、福建和海南,他们往往身无分文,只带着蚊帐和草深知雄强，却安守雌柔，应作为天下所遵循的蹊径。有了这个天下所遵循的蹊径，恒常的德行就不会离散，而会回复到婴儿的状态。

深知明亮，却能谦卑忍辱，应作为天下的川谷。有了这个天下的川谷，恒常的德行才会充足，才会回复到质朴的状态。

质朴的道分散成万物，也为圣人所运用，圣人因此成为百官的首长，所以最好的治理是不割裂的。

席，刚来的时候只能露宿街头。

早上，他们把蚊帐送进当铺，当出点儿本钱做小生意。晚上，他们再去当铺赎回蚊帐去睡觉。很多大名鼎鼎的华人企业家，就是在这样日复一日的辛勤劳作中干出来的。

东南亚国家的华人占少数，但华人企业往往在这些国家的经济中举足轻重，很多国家的首富都是华人。而且2018年的富豪排行榜中，泰国10大富豪中有8位是华人，印度尼西亚10大富豪中有7位是华人。马来西亚也是如此，2019年的10大富豪中有8位是华人，95岁的郭鹤年先生以125亿美元的身价位列第一。

郭鹤年的父辈于20世纪初从福建移民到马来西亚谋生，他们兄弟几人共同创办东升公司，专营大米、大豆和糖的生意。而今天，郭鹤年家族的产业遍布种植、粮油、金融、地产、酒店、传媒、船运等多个领域，下属员工人数以十万计。我们熟知的金龙鱼、香满园等粮油品牌，还有香格里拉酒店、国贸中心、嘉里中心等，都是郭鹤年家族旗下的产业。

为什么这些海外华人能取得如此成绩？按理说，他们在异国他乡创业，市场狭小，资源匮乏，又是外国人，只能在政治和经济的夹缝中求存。

在这种环境中成功，除了聪明和勤奋，还必须持之以恒地保持谦卑和厚道，就算日后成了当地首富，也要一如既往。

郭鹤年的个人生活相当节俭，一直带着几百元钱的手表，常常坐地铁上下班。他在谈到母亲时说："如果妈妈还在，看到我今天的成就一定会很开心，但她还是会劝告我，要谦虚、谦虚再谦虚，要帮助穷人。"

《道德经》第28章中的"知雄守雌，知白守辱"，其实是一种谦卑和雌柔的东方智慧，拥有这种智慧的领导者，不论拥有何种能力、财富、名誉和地位，都甘愿一直低调、隐忍。

正是中华民族这种厚道、纯朴的德行，庇护着老一代下南洋的华人，让他们在异国他乡得以存活、扎根；正是这种德行的传承，让第二代、第三代的华人企业家依然可保持生命力。

中国管理学界对海外华人企业的关注不多，但其实，研究它们很有意义。在商业全球化的今天,中国企业和品牌要进入不同文化的市场,除了选择"强势进入"外,还可以选择"柔势融入",那些早年去东南亚创业的华人,选择的就是后一种方式,而且非常成功。

> 《道德经》第29章
>
> 将欲取天下而为之，吾见其不得已。天下神器，不可为也，不可执也。为之者败，执之者失。
> 故物或行或随；或嘘或吹；或强或羸；或培或堕。
> 是以圣人去甚，去奢，去泰。

格局越大，自我越小

人们总说"小成靠能力，大成靠格局"。那么，究竟什么是一位领导者该有的格局？

曾入狱的四川企业家牟其中，以前干的都是日用品换飞机、发射卫星、开发满洲里这样的大事，他甚至献策，将喜马拉雅山脉炸开50公里的口子，让印度洋暖湿气流改变大西北的干燥气候。这样的格局大不大？但最后，冒进、大胆却给他带来了16年的牢狱生活。

很多年前，我和一位北京连锁业的老板聊天，他当时非常兴奋地坐在我面前，双臂向上撑着，说："一定要有大思维、大格局！"但这么多年过去了，他的企业还是那样，从他的企业离职创业的人，甚至纷纷超越了他。

人们总将"格局"和"大"联系在一起，似乎只有轰轰想取得天下领导权以施展个人抱负的,我看到的只有失败。"天下"是神圣的公器,任何人都无法操控,也不能加以把持。越想有一番作为越容易失败,越想紧紧抓住越容易失去。

(任何事物都有两面性。)有引领之时,也有跟随之时;有缓慢之时,也有迅猛之时;有强大之日,也有弱小之日;有稳固之时,也有瓦解之时。

所以,有智慧的领导者不走极端,避免过分、奢侈和骄纵傲慢。

烈烈的事,才配得上"格局"这两个字。

乔布斯有一句名言:"活着就要改变世界!"乔布斯改变了世界,所以被"封神",但如果把乔布斯的"经"念歪了,就会变成"神经病"。

格局越小的企业家,"自我"越大,企业只是他们赚钱的工具;格局越大的企业家,"自我"越小,他们把自己奉献给企业,对名利反而"视而不见"。

中国人民大学教授彭剑峰的题为《企业家的企业与企业的企业家》的文章,是我近几年看到的最具洞见的关于企业家格局的文章。

"企业家的企业"指的是企业是企业家的家产、私人物品;"企业的企业家"指的是企业家把企业视为社会公器,让自己服务于企业的使命。

那么,企业究竟是公器还是私器?尤其是私有企业"私"字当头,能是"公器"吗?

1954年彼得·德鲁克在《管理的实践》[一]中提出:"企业是社会的器官,企业的行为对社会也会产生决定性的影响。当管理者由于他所具备的特殊能力而拥有了职权时,就应该负起相应的社会责任。"

企业作为社会的器官,首要价值是满足人们的需求,解决社会中存在的某些问题。满足需求的效率越高,解决的问题越大,企业得到的社会认可就会越多,就越能做大,因为在市场经济中,人们通常用钞票进行投票,以表达自己的认可。

真正有格局的领导者,把企业视为公器,对经营企业充满敬畏之心。他们顺从规律做事情,不敢把自己个人的欲望和权力意志强加给企业,也绝不敢把企业当作自己扬名立万的舞台。

《道德经》第29章就是在提醒领导者,天下更是神圣的公器,不可为,不可执;领导权是服务权,而不是表现权,越大的领导者越要谦卑,越要"去甚,去奢,去泰"。

从字面上看,"格局"是一种空间概念,在这个空间中,自我越大,留出的空间就越小。

[一] 此书中文版已由机械工业出版社出版。

所以，那些把自己看得很伟大，总想改天换地、成为首富的人，格局其实很小；那些把客户满意和员工成长看得很重，把企业的社会责任看得很重的人，自我很小，小到"无我"，他们的格局反而无限大。

> 《道德经》第30章
>
> 以道佐人主者,不以兵强天下,其事好还。师之所处,荆棘生焉。大军之后,必有凶年。
> 善有果而已,不敢以取强。果而勿矜,果而勿伐,果而勿骄,果而不得已,果而勿强。
> 物壮则老,是谓不道,不道早已。

战略不能是赌博,更不能是赌气

我的私董会小组成员中有一位来自一家自行车出口企业,日本每销售四辆自行车,就有一辆是这家企业生产的。几年前,国内的共享单车市场爆发,这家企业也接了不少代工的订单。

但这家企业非常谨慎,在共享单车竞争最疯狂的时候,它开始减少订单,加紧收款,虽然少做了不少生意,但大部分利润都"落袋为安"。

听这位成员说,"共享单车大战"之后,我国自行车行业一片萧条:很多企业的巨额货款收不回来,因资金链断裂而破产;零部件供应商也损失惨重。同时,自行车零售店的销量锐减,因为很多人都不买自行车了。

共享单车的激烈竞争,不仅导致了自行车行业的衰败,还造成了大量的资本、劳动和社会资源的浪费。据统计,这几年以道辅佐君主的人，不靠武力逞强于天下，发动战争是会遭报应的。大军交战后的土地，遍布荆棘；战争之后，必是瘟疫饥荒之年。

善于用兵的人只求达到目的，而不敢以兵力来逞强。达到目的就可以了，不矜持、不夸耀；达到目的是出于不得已，而不是逞强。

凡是气势壮盛的就会趋于衰败，（壮盛、逞强）是不合于道的，不合于道就会早早地失败。

进入这个行业的风险投资高达 600 亿元，大部分回本无望。全国投放的单车数以千万辆计，很多都成了新型城市垃圾。光北京市在专项治理中一个月回收的废弃单车就有近 20 万辆。

共享单车的疯狂竞争，在其他行业也上演过，比如当年的团购网"百团大战""网约车补贴大战""无人货架大战"等。在资本的推动下，那些市场迅速从"蓝海"变成"红海"，参与者几乎是在进行"自残式竞争"，似乎不求利润，只要市场。往往到最后，谁的钱多，谁能耗得久，谁就能胜出。

但是，胜出者通常也元气大伤，而且，好不容易培养起来的用户，只要补贴一停，便会纷纷流失。面对此类情况，获利心切的企业，往往会挤压合作伙伴，这又会导致服务品质下降、客户不满意的恶性循环。

俗话说"商场如战场",难道激烈的商业竞争有错吗?

商业竞争没错,但以牺牲客户体验和行业生态为代价,依仗资本撑腰进行破坏性的"价格战""补贴战",必定输多赢少。就算是赢家,其结局也是"杀敌一千自损八百"。这是商战中的下下策,不应追捧。

老子在《道德经》第30章中说"不以兵强天下""其事好还",其实是在提醒人们,以武力暴兴者,必定自取灭亡。

人类最早的战争,通常是因邦国之间争夺土地而起。商业竞争也是一样,市场就像大家都渴望得到的"领土"。因此,很多企业用词都会借用军事术语,比如"战略"。从字义上看,"战"是指兵戈相交,"略"是指以武力占有田地——企业战略就是企业通过商业手段获得市场份额。

但是,竞争的最高境界是"不战而屈人之兵",最低层次才是"伐兵""攻城"。"价格战"是最短视、最粗暴的竞争方式,大战之后通常是市场凋敝、荆棘丛生。

真正的战略高手都深谋远虑,他们在众人毫无察觉时就开始布局未来,在未来成为现实时他们已经胜券在握。亚马逊创始人贝佐斯在谈到季度业绩时曾说过:"这个季度的报表是3年前预测出来的,而现在,我正在努力实现3年后的季度目标。"

"短兵相接"通常是缺乏远见的恶果,有智慧的领导者无须做"刀口舔血"的冒险。高明的战略不是赌博,更不是赌气,所较量的是价值观、远见和耐力。

《道德经》第31章

> 夫兵者，不祥之器，物或恶之，故有道者不处。
> 君子居则贵左，用兵则贵右。兵者不祥之器，非君子之器，不得已而用之，恬淡为上。胜而不美，而美之者，是乐杀人。夫乐杀人者，则不可得志于天下矣。
> 吉事尚左，凶事尚右。偏将军居左，上将军居右。言以丧礼处之。杀人之众，以悲哀泣之，战胜以丧礼处之。

商业竞争是创造，而不是毁灭

前几年，由于工作的关系，我去过几次华为大学，感受到的不是大学的校风，而是军队的气氛。

在华为大学的开班一览表上，课程名称都是"解决方案重装旅""软件转型战略预备队""财务战略预备队"之类的。显示屏上翻动的海报则是"攻必克，守必坚""看未来战争，培养华为少将连长"。

真给人一种商场如战场的感觉，而且是现代化战争的战场。

商场和战场有很多共同之处，企业间的竞争好比军队间的较量，都需要分析情报、制定战略、训练组织、调配资源，企业市场份额的增减犹如军队战略要地的得失，战果决定输赢。

武力是带来凶灾的东西，万物都厌恶战争，所以真正有道之人，不会穷兵黩武。

左为生，右为杀。君子平时以左为贵，用兵时以右为贵。兵革是杀伐不祥之器，并非君子解决问题的手段，就算万不得已而使用，最好也淡然处之。即使战胜了，也不要歌颂战争，歌颂战争其实就是以杀人为乐。以杀人为乐者，终将被天下唾弃。

吉庆的事以左方为上，凶丧的事以右方为上。用兵之人级别越高杀气越重，所以偏将军居左、上将军居右。出兵打仗用的是办丧事的礼仪。杀死那么多生命，应该感到哀伤、悲痛，就算打了胜仗也要用丧礼去对待。

但是，商场和战场有着本质的不同，一个是建设性的，一个是破坏性的。

商场上比拼的是创造价值，而战场上较量的是毁灭能力；商业竞争的结果是为消费者带来福利，战争的结果是生灵涂炭。

尽管老子的思想被历代军事家所引用，但老子本人却是一个坚定的反战主义者，他在《道德经》第31章中很明确地说，"兵者不祥之器，非君子之器""战胜以丧礼处之"。

企业家在参与竞争的过程中，或多或少会有一种军事将领的亢奋，这种状态也会传递给整个组织。但是，如果分不清商场和战场的本质区别，企业家就很容易为了赚钱而不择手段，做出很多毁灭价值的邪恶行为。

华为在运营中借鉴了大量的军事思想,但也极力避免这些思想会造成的破坏性,所以不断强调价值创造,强调"以客户为中心"。

在对待竞争对手的态度上,华为率先使用了"友商"这个词——虽然相互竞争激烈,但在"为客户创造价值"这件事上,它与竞争对手却是志同道合的朋友。

·第四篇·
向内探索，回归本质

> 《道德经》第32章
>
> 道常无名,朴。虽小,天下莫能臣。侯王若能守之,万物将自宾。
> 天地相合,以降甘露,民莫之令而自均。
> 始制有名,名亦既有,夫亦将知止,知止可以不殆。
> 譬道之在天下,犹川谷之于江海。

基业长青所遵守的原则

在一次私董会小组会上,我请了一位演讲嘉宾,请他分享了他们企业是如何在15年时间里,从仅有4个人创业,发展成年销售额560亿元的行业巨头(恰好他就是当年创业的4个人之一)。

听完他的分享,我在想,是什么力量把一家小企业塑造成一家大企业?又是什么力量让那些行业巨头衰亡?

这家企业就是宁波均胜集团。均胜集团在2004年创立,从做汽车玻璃水壶开始,经过十余年发展,现在是一家全球化的汽车零部件供应商,在工业自动化领域处于行业领先地位。

从2011年开始,均胜集团先后并购了德国、美国、日本的多家汽车零部件和智能制造企业,截至2020年,在30

道是永恒、无名而质朴的。它虽然幽微，但天下却没有人能凌驾于它之上。领导者如果可以遵守它，事物就会自然地归从。

天地间冷热相合就会产生雨露，没有人可以对雨露下指令，雨水会均匀地润泽万物。

万物从"开始"演变而来，逐渐被赋予了名称，名称代表着存在，代表着限度；知道事物的限度，不越界，才能避免危险。

道存在于天下，万事万物终遵从它，就像百川都流向江海一样。

个国家有100多个生产和销售基地，有6万多名员工，在研发、生产、销售、品牌和人才等方面实现了真正的全球化。

也许有人会说"这没什么了不起，时势造英雄"。的确，过去十几年是中国汽车产业高速发展的时期，2004年中国的汽车销量刚过500万辆，而2018年中国已经成为全球最大的汽车市场，一年要卖掉2800万辆汽车。

巧的是，我还认识另一位汽车零部件企业的创立者，他也是浙江人，2002年创业。该企业是某个细分领域的第一家上市企业，2019年实现销售收入5亿多元，是一家很成功的中小企业。

把这两家企业放在一起比较，你会发现，它们的"天时"和"地利"几乎一样，但十几年发展的结果却相差了

100多倍。

很多伟大的企业都是从不起眼的小企业发展而来的：华为创业初期卖过减肥产品；阿里巴巴的团队曾帮别人做过网站；波音为了生存生产过家具；迪士尼起家的时候只有一块电影屏幕；世界零售巨头沃尔玛最早只是一家"一元店"，成立7年后才开了第2家；万豪酒店也只是从一家小小的汽水连锁店起家的。

美国管理学家吉姆·柯林斯在一次演讲中，谈到了这个话题，他说："在同样条件下起步的小企业，在本质上拥有同样的机会、同样的资源和规模、同样的潜力和动力，甚至有同样的市场、客户和技术。但只有少数能成为卓越的大企业，大部分都限于平庸。决定企业平庸还是卓越的，是领导者这个内因，而不是外因。卓越企业最核心的内因是领导者'有意识的选择'和'强大的自我约束'。遵循这些原则，小企业就有可能变成伟大的企业；违背这些原则，再伟大的企业也会陷入衰退、灾难和失败之中。"

《道德经》第32章就是在告诉领导者"能守"和"知止"的智慧——守住严循规律的原则，知道在事物的限度前止步，不越界。

均胜集团的领导者把一家小企业塑造成行业巨头的经历，非常符合"有意识的选择"和"强大的自我约束"的原则，这家企业从创业初期就非常注重3～5年滚动战略规划，所有重大举措都基于自己的战略需要。

有趣的是,这家企业也做房地产业务,但目的很明确:赚钱,为主业提供现金流。在房地产业务的利润远高于汽车零部件时,它也毫不动摇。

领导者要应对纷繁复杂的商业变化,能有大成就的人,往往不是那些最为灵活和聪明的人,而是格局感和边界感都很清晰的有定力的人。他们知道自己要什么,更知道自己不要什么,尤其在充满机会和变数的时候,能在欲望和诱惑面前止步。

> 《道德经》第33章
>
> 知人者智,自知者明。胜人者有力,自胜者强。知足者富。强行者有志。不失其所者久。死而不亡者寿。

内在成长之路的导航图

1911年10月,挪威人阿蒙森和英国人斯科特分别带队考察南极,并且他们都想成为第一个抵达南极点的人。

结果,阿蒙森的5人团队最先到达南极点,并且全身而退。斯科特的17人团队晚到一个多月,最终无一人生还。

这两个团队的做法有什么不同呢?

阿蒙森团队用了100多条因纽特犬拉雪橇,带了3吨物资。出发之后,他们每天都前进20英里㊀。天气晴好时不得意忘形,完成20英里的目标后就安营休息,保存体力;天气恶劣时也坚定地前进,哪怕慢慢挪,也尽量完成目标。

斯科特团队的运输工具是西伯利亚小马,以及当时非常先进的摩托雪橇。由于计划太乐观,他们只带了1吨物资。

㊀ 1英里=1609.344米

> 认识别人是"智",能看清自己才是"明"。战胜别人顶多算力气大,能战胜自己才是强者。真正的富有者懂得满足。真正的有志者永不放弃,始终砥砺前行。不偏离根本才能长久。身死但精神不朽才是长寿。

在行进节奏上,他们基本"靠天吃饭",天气好的时候快马加鞭,一天能走50～60英里;遇到暴风雪了,就躲在帐篷里休息,等待天气好转。

成功的领导者需要在不确定的环境中,挑战艰难的目标,他们会制订可行的计划,然后坚定执行,即使出现无法控制的因素,也不怨天尤人,而是保持自律和坚持,对自己的命运负责。

"日行20英里"的故事,隐含着领导力的智慧——决定成败最重要的,不是外部资源和条件,而是领导者的自知和自律;赢得竞争最重要的,不是战胜对手,而是战胜自己。

人类的智慧几千年来并无变化。老子在《道德经》第33章中,只用了短短38个字,就把成功领导者的个人修养讲得简单透彻、明明白白。

《道德经》的很多章节都在讨论哲学问题，显得晦涩难懂。但这一章，突然变得实用起来，老子清晰地给出了关于个人成长的建议，我的理解是以下六点。

第一，自知者明，认清自己。看见别人身上的问题很容易，看见自己的问题却很难。认识自己，一方面要敢于自我批判，另一方面要积极主动地寻求他人的真实反馈。

第二，自胜者强，战胜自我。历史上的英雄很多，但真正的英雄不是以一挡百的猛将，而是可以不断战胜贪婪、恐惧、傲慢等人性弱点的人，是敢于打破认知边界、拥抱变化的人。

第三，知足者富，知足戒贪。真正的富有不是无限占有，而是内心满足。不知足就不知止，贪欲越大胃口越大，人的心智一旦被贪婪和欲望蒙蔽，失败就是迟早的事。

第四，强行者有志，勤奋坚韧。古今天下之庸人，皆因一"惰"字而败。给自己设立一个目标，然后贯彻"日行20英里"原则，勤勉、坚强地向目标靠拢。

第五，不失其所，不偏离本质。智慧涉及对本质的洞察。越本质的东西越简单，越经得起时间的考验。所以，有智慧的人能守住自己最朴实的原则，从不偏离本质。

第六，死而不亡，留下精神财富。人生的成功不是占有了什么，消耗了什么，而是为世界贡献了什么，留下了什么。

每个人都会死去，唯一能证明我们存在过的，就是我们给世界留下的精神财富。

这六点，也是个人修养的六个层次——认清自己；战胜自我；知足戒贪；勤奋坚韧；在追求人生成就的过程中，不迷失自我，不偏离本质；留下精神财富（对中国人而言，最有意义的成就是"立德、立功、立言"，让自己的精神财富，永远留在这个世界上）。

> //《道德经》第 34 章
>
> 大道泛兮,其可左右。万物恃之以生而不辞,功成而不有。衣养万物而不为主,可名于小;万物归焉而不为主,可名为大。以其终不自为大,故能成其大。

伟大的领导者是让别人伟大的人

《人类简史》一书提到过一种观点:最成功的植物其实是小麦,因为它在 1 万年以前还只是中亚的小品种植物,现在已经成为全球分布最广、数量最多的植物,因为人类需要它。

万事万物都在追求自己的存在度,企业的存在度可以用时间和空间衡量——所谓的全球化大企业,就是被全世界人需要的企业;所谓的百年企业,就是经得起时间考验,连续 100 年都被需要的企业。

但你有没有发现,很多大企业做不久,很多做得久的企业做不大。

世界上最古老的 10 家企业,大多有千年历史,但几乎都是单体旅馆、餐厅、小酒厂、老作坊一类的企业,独此一

> 大道就像泛滥的大水啊，它漫流左右，无处不达。万物都依赖它生存，它从不多说什么；事情就这样成了，它也不居功自有。它护养万物而不把自己当作主宰，万物感受不到它的存在，这是它的"小"。万物归附于它，都离不开它，它依然不把自己当作主宰，这是它的"大"。正因为它始终不自以为伟大，才成就了它的伟大。

家，别无分号。我去过世界上最古老的酒店——日本的西山温泉庆云馆，它在富士山西面的山沟里"偏安一隅"，经营了1300年，传世52代。

而那些规模很大的企业，往往领先不了很久。同十几年前相比，2020年全球市值排名前10位的企业变了9家。

2007年底，全球市值排名前10位的企业分别是埃克森美孚、通用电气、微软、中国工商银行、花旗集团、AT&T、壳牌石油、美国银行、中国石油、中国移动。

到了2020年底，分别是苹果、沙特阿美、微软、亚马逊、Alphabet（谷歌的母公司）、Facebook、腾讯、特斯拉、阿里巴巴、伯克希尔－哈撒韦。

短短十几年，能保住自己市值排名的企业只有微软。值得注意的是，微软前 3 名的江湖地位没有变。

清末商人胡雪岩说，生意做得越大，眼光越要放得远。你的眼光看到一乡，就能做一乡的生意；看到一省，就能做一省的生意；看得到天下，就能做天下的生意。

眼光的英文是"vision"，管理界都把这个词翻译成"愿景"。但我在很多企业看到的"愿景"，不是眼光而是欲望，是企业家一心想做大的欲望。

本质问题是，一个企业最后能够做到多大规模，并不是由企业家的主观想法决定的，而是由客户的需求和满意度决定的。

其中的关键词是"被需要"。如果重新解读胡雪岩的话，应该是这样的：一家企业的产品或服务，能被一乡需要，就能做一乡的生意；能被一省需要，就能做一省的生意；能被天下需要，就能做天下的生意。

德鲁克先生说，企业存在的唯一理由就是创造客户。取悦客户、满足客户、成就客户、被客户需要，才是企业的立足之本。

在《道德经》第 34 章中，老子讲的是"道"的渺小与伟大。说它渺小，是因为它无处不在、稀松平常，以至于被忽略得仿佛不存在；说它伟大，是因为它是万物生存的刚需，离开它万物就活不下去。

我们时刻呼吸着空气，却常常感知不到它的重要。我们满脑子惦记的事情,是今年的 KPI 能不能完成,孩子能不能考入理想的学校,房子什么时候可以换成更大的……但如果失去了空气,这些都将变得毫无意义。

那些伟大的企业,从来不把"伟大"作为自己的目标,而是致力于紧跟客户的需求,努力达成客户的愿望,让客户离不开自己。

比如微软,它当年的愿景并不是"成为世界上市值最高的软件企业",而是"让每个家庭的桌子都有一台电脑"。它的名字也取得很小——Microsoft,就是"微观"和"柔软"的意思。结果,它成了世界上最大的企业之一。

要成为有智慧的领导者,就要修炼自己的"大"与"小"——不要在乎获取了什么,而要在乎成就了什么;不要在乎能支配什么,而要在乎能支持什么;不要在乎能占有多少,而要在乎能赞助几何。

那些从不强调自己伟大,而是致力于让别人伟大的人,才是伟大的领导者。

> 《道德经》第35章
>
> 执大象,天下往。往而不害,安平泰。
> 乐与饵,过客止。道之出口,淡乎其无味,视之不足见,听之不足闻,用之不足既。

好东西不是争来的

一家企业在制定经营战略的时候,通常要花很多时间去研究竞争对手,看别人怎么出招,自己又该如何应对。随着竞争加剧,大家都在争抢有限的资源,不仅是客户,还有人才、资本等竞争要素。

但从本质来讲,这些东西都不是争来的,而是吸引来的。领导者要站在客户、人才和投资人的角度进行思考——我凭什么成为你们的客户?我凭什么加入你们的企业?我凭什么给你们投资?不是因为你们比别人更会争抢,而是因为你们有吸引力,能让我心甘情愿地"归往"。

美国有三位管理学家耗时10年合写了一本书,叫《部落的力量》,里面提到,每个团队都有一种主流文化,这种主流文化决定了团队所能达到的高度。作者戴维·洛根等人执守大道，天下人都来归往。对归往者不加伤害，大家都安居乐业、安全、平等、幸福。

音乐和美食，使路人为之停步，"道"却平淡无味。看它看不见，听它听不清，而它的作用无穷无尽。

把主流文化归纳成五重境界。

第一重境界：生活烂透了。组织中充满抱怨，别人不行，自己也不行。

第二重境界：我的生活糟透了。别人好是别人的事，我改变不了什么，得过且过。

第三重境界：我很牛，但你不行。自我感觉良好，但对组织感到不屑和无能为力。

第四重境界：我们很牛，但你们不行。团队很有战斗力，盯着对手打，不断用成功证明自己。

第五重境界：人生真美好。专注于伟大的事业，无暇顾及竞争对手的存在。

他们指出，企业文化的境界越高，对组织的激励水平就越高。好的文化能释放强大的能量,甚至创造历史。

《部落领导力》的作者曾问一家制药企业的人员:"你们的竞争对手是谁?"他们以为得到的答案会是某个同行企业,结果,管理层成员和研发人员想了半天,说:"我们的竞争对手是疾病呀,还能有谁?"他们的对手不是竞争对手,而是他们在实现让世界更美好的使命的过程中所遇见的障碍。

我的感觉是,从第一重境界到第五重境界,就像从"地狱"到"天堂"。

顶级的企业领导者生活在"天堂",他们都知道,商业竞争的本质不是战胜对手,而是满足客户的需求。

亚马逊的创始人贝佐斯有句名言:"不要管竞争对手在做什么,他们又不给你钱。"乔布斯在开发苹果手机时,也从来不许公司去做市场研究,因为他的目标不是战胜诺基亚,而是改变世界。

企业经营离不开客户、人才和资本,但真正能吸引这些的,不是炫目的噱头,也不是一时的甜头,而是卓越的文化和理念。《道德经》第35章谈的就是真正的吸引力法则——执守大道,天下归往。

企业间的竞争,表面上是一招一式的输赢、一城一池的得失,所以很多领导者会痴迷于新的竞争招式。要当心,这些可能只是"乐与饵"——能让"你"在短时间内客户盈门,让"你"受到投资者的热捧,甚至让"你"赢得许多战役,但如果偏离"大道","你"却有可能输掉整场战争。

优秀的领导者,应该走出"应激反应"式竞争的混沌状态,在经营中磨炼自己,求道问真。真正的经营之道,只是坚守自己的使命、愿景、价值观,以及坚持做好那些理所当然的事情。这看起来平淡无奇,却"用之不竭"。

> **《道德经》第 36 章**
> 将欲歙之,必固张之;将欲弱之,必固强之;将欲废之,必固举之;将欲取之,必固与之,是谓微明。
> 柔弱胜刚强。鱼不可脱于渊,国之利器不可以示人。

柔弱不是软弱,而是初心的力量

在企业竞争中,打败行业巨头的通常不是另一个巨头,而是不知从哪儿冒出来的小企业。

"柔弱胜刚强",这句出自《道德经》的话,很容易被理解成"以柔克刚"的竞争策略,就像用太极推手对付拳击。可是在现实世界中,很少见到太极推手赢过拳击。是老子错了,还是我们对"柔弱胜刚强"的理解过于片面?

古人把事物的规律称为"道"。有些规律显而易见,比如月盈则亏、花开则谢,从中可以看出,事物的强弱盛衰是相互转化的。

创新理论中有一个观点:当旧事物发展到某个极限点的时候,它必然会转向失速点,而这个失速点,也是新事物的起点和破局点。

新事物在萌芽阶段是柔弱的,旧事物在崩溃之前最强

第四篇　向内探索，回归本质　// 143

将要收合的，必先扩张；将要削弱的，必先使其强盛；将要废弃的，必先被高举；将要剥夺的，必先给予。事物的发展就是这样，再微小的苗头，也能看出明显的趋势。

柔弱比刚强好啊！所以，国家的利器不要随便拿出来耀示于人，就像鱼儿要潜藏于深渊一样。

大。衰败的苗头总是潜伏在无限风光之后，这苗头虽然微小，但明眼人一看就知道，这就叫"微明"。所以，有智慧的领导者永远不把自己放在"成功"的位置上，更不会去追求什么巅峰，因为到达巅峰的下一步，都是走下坡路。

比如暴风集团，该公司2015年3月上市，股票发行价为7.24元，上市后曾创下40天36个涨停的纪录，公司市值一度超过400亿元。但短短3年后，公司业绩一落千丈，老板冯鑫也因涉嫌行贿被公安机关拘留。

再看拼多多创始人黄峥，公司上市时他不去现场敲钟，当得知公司股票大涨自己将很快变成"中国首富"时，他迅速把自己的股票分给别人，远离"财富巅峰"。

老子早就看明白了强弱、兴废之间的对立转化，所以他在《道德经》第36章中，这样规劝领导者："**柔弱胜刚强**。

鱼不可脱于渊，国之利器不可以示人。"

亚马逊创始人贝佐斯是 2018 年的世界首富，在他看来，企业经营只有两天，"Day 1"和"Day 2"。"Day 1"是指创业的第一天，而"Day 2"是指成功后发展陷入停滞的那一天。

停留在"Day 1"的公司，充满创意和活力，不怕失败，不断进化和成长；进入"Day 2"的公司，看起来强大无比，到达了巅峰状态，但容易故步自封、骄傲自满，之后便会步入衰退。所以，公司永远要争取保持在"Day 1"的"婴儿状态"。

1997 年亚马逊上市的那天，贝佐斯没在股票交易所出现，在他看来，上市只是一次普通的融资行为，根本不值得敲钟庆贺。

"Day 1"不仅深植于贝佐斯的个人信念之中，也深植于亚马逊的企业文化之中。

甚至，它的办公大楼都叫"Day 1"大厦，大楼内部到处都是"Day 1"的标识和解读，这是为了让员工时刻记住：永远留在"柔弱"的"Day 1"，而不要进入"刚强"的"Day 2"。

这就是"柔弱胜刚强"的真意。但到底是柔弱还是刚强，在于"心"而不在于"形"。领导者只有虚怀若谷、抱一守中，才能驾驭得了强大无边的事业。

> //《道德经》第37章
>
> 道常，无为而无不为。侯王若能守之，万物将自化。化而欲作，吾将镇之以无名之朴。无名之朴，夫亦将不欲。不欲以静，天下将自正。

顺应规律，不瞎折腾

做人做事最怕的就是"作"，就是"作死"的那个"作"。做企业更不经"作"，但很多企业有了一定的规模之后，领导者就容易膨胀，开始各种"作"，最后把企业给毁了。

但是，"作"的人从来不认为自己在"作"，还以为自己伟大又正确呢，就算"作"出问题了，那他们也会认为是别人的过错。

美国管理学家吉姆·柯林斯擅长用大数据分析企业盛衰规律。他写过一本书叫《再造卓越》，用大数据研究成功的企业如何衰落。经分析，他认为，企业衰落大多是因为企业领导者太能"作"。我们看看吉姆·柯林斯是怎么分析的。

吉姆·柯林斯从2万家企业中筛选出60家卓越的企业，这些企业的寿命加起来长达6000年。他又从中筛选出11

道是恒常不变的，它没有任何主动的作为，然而没有一件事不是它所为。领导者如果能持守大道，事物会自然地化育、生长。长着长着，就会萌生贪欲，我便用道的真朴来安定它。用道的真朴来安定它，贪欲就会消退。贪欲消退而趋于宁静，天下会重新回到正常运转的状态。

家经历过衰败的企业，其中包括美国银行、惠普、摩托罗拉、默克等我们熟知的世界 500 强企业。

企业的衰败像一个陷阱，但企业不是突然掉进去的，而是一步一步陷进去的。企业陷入衰败可以分为五个阶段，企业在每个阶段有不同的"作"法。

第一个阶段是"狂妄自大"。在企业取得了一定的成功后，有的领导者会变得傲慢自负、信心爆棚，企业内部的"自夸"代替"自省"，领导者会忽略客观因素，总是乐于谈论"我们之所以成功，是因为我们做了什么"——贪天功为己功，这是灾祸的苗头。

第二个阶段是"盲目扩张"。牛皮吹多了，自己都相信了——"我们这么厉害，可以做任何事情！"。所以，要不断用更大的成功来证明自己。领导者对"成功光环"的胃口越来越大，恨不得立刻发起对世界500强企业的冲击！往往在这时候，各种并购、投资的好机会也送上门来，企业忍不住要盲目扩张。

第三个阶段是"漠视危机"。盲目扩张导致业绩预警，企业开始拆东墙补西墙，但企业的惯性和外部表现，让领导者对此视而不见，认为"困难只是暂时的，不至于那么糟糕，熬过这段时间就好了"。领导者对坏消息将信将疑，对好消息夸大其词，把模棱两可的数据解读成好消息，于是团队内部的质疑声成了"政治不正确"，领导者听不到也听不进真话。

第四个阶段是"寻找救命稻草"。漠视危机的恶果终于积累成了现实的不利局面，企业出问题的情况尽人皆知。这时，领导者通常会做出激烈挣扎，希望一举扳回败局，比如采用激进却未经证实的策略、进行暴风雨式的变革、推出革命性的产品、尝试改变格局的收购……这些努力看起来还不错，但最终效果都不理想。

第五个阶段是"被人遗忘或灭亡"。经过苦苦的挣扎，企业处境已经急转直下。在挣扎过程中消耗了过多的力量和资源，使企业财力枯竭、元气大伤，领导者终于放弃努力，任凭"爆雷"发生——有些企业被低价重组，有些企业苟延残喘被人遗忘，还有些企业直接关门大吉。

这就是企业由盛转衰，一步步把自己"作死"的全过程。吉姆·柯林斯的研究表明，企业衰落通常会一步不落地走过这五个阶段，有些企业会很快，有些企业则会拖上很久。

吉姆·柯林斯也提到了少数企业在第四个阶段猛然反省、扭转败局、获得重生的例子，比如苹果、IBM、3M等，都经历过这样的阶段，而帮助它们重回正轨的，恰恰是企业领导者回归冷静，尊重事实，尊重规律。

《道德经》第37章讲的就是盛衰转换之道，读完之后不禁让人感慨，太阳底下没有新鲜事，"作"是人们的本性，老子那个时代就有。

老子规劝人们，要尊重和顺应规律，但他知道，人性中的自大和盲目也是规律的一部分，所以他才会说：顺应规律，不瞎折腾，你就会成功。但当人们成功了，就难免觉得自己无所不能，就要开始"作"。

"作"出问题了怎么办？老子的建议是"镇之以无名之朴"，其实就是重新回归质朴的大道。只有回归大道，才能从欲望中清醒过来，让事物重新走上正轨，这就是"不欲以静，天下将自正"。

> 《道德经》第38章
>
> 上德不德,是以有德;下德不失德,是以无德。
> 上德无为而无以为;上仁为之而无以为;上义为之而有以为;上礼为之而莫之应,则攘臂而扔之。
> 故失道而后德,失德而后仁,失仁而后义,失义而后礼。
> 夫礼者,忠信之薄而乱之首;前识者,道之华而愚之始。是以大丈夫处其厚而不居其薄,处其实而不居其华,故去彼取此。

守住底线,回归起点

　　孔子曾去周都洛邑向老子问礼。孔子回到鲁国后,弟子问他老子什么样?孔子说:"我知道鸟能飞、鱼能游、兽能走,却不知道能乘风云上九天的龙什么样。老子就像龙,学识渊深、志趣高邈,让人感到莫测难知,真是我的老师啊!"

　　有趣的是,这对儿"师生"的观念和主张,却是有冲突的。

　　作为万世师表的孔子,主张人的修养应该追求"仁""义""礼",老子却觉得这恰恰是道德沦丧、国家昏乱的前兆。老子说"大道废,有仁义",又说"礼者,忠信之薄,而乱之首",从字里行间看得出来,他对"仁""义""礼"的嫌弃。

　　可以想象一下,孔子坐着颠簸的马车跑了很远的路见到上德之人不追求德，因为他的存在状态就是德；下德之人努力不失德，所以他并不具备真正的德。

上德是顺其自然，且无"有为"之心；上仁是有所作为，但还能保持无为之心；上义是有所作为，但已失去了无为之心；上礼是很想有所作为却得不到响应，所以强迫人们去作为。

所以，失去道之后才崇尚德，失去德之后才崇尚仁，失去仁之后才崇尚义，失去义之后才崇尚礼。

强调礼法，说明忠信已经非常浅薄，祸乱出现苗头；预设的各种规范，不过是道的虚华，是愚昧的开始。因此，大丈夫应身处敦厚不居浅薄，身处笃实不居虚华，搞清楚自己要什么，不要什么。

老子，阐述完自己的学说后，被老子泼了一头冷水，心里会是什么滋味。

尽管《道德经》中没有提到老子和孔子的这段对话，但逻辑严密地阐述了道、德、仁、义、礼的关系。大道无形，大道的作用和显现就是德，而德分上下，上德是大道自然而然的流露，是无为；下德是努力维持着德的样子，是有为。

下德又分为仁、义、礼，它们一个比一个"不堪"。仁，是没有太多人为意志的"有为"；义，是有明显人为意志的"有为"；礼，则是有强烈的人为意志的，甚至是强制的"有为"。礼之后就是法，不听话就要被打。

道、德、仁、义、礼、法都是为了让世界变好，但路径不同。

道、德是自然而然的状态，没有目的、计划和时间表，世界本来就是最好的样子；仁、义是努力让世界维持好的状态，但方法和手段或多或少掺杂了一些个人意志；礼、法则是因让世界变好的愿望已经无人回应了，必须制定一套严格的标准流程和行为规范，并辅以奖惩措施，以约束人们的行为。

孔子主张"克己复礼"，就是要大家克制和约束自己，让每件事都归于"礼"，只有这样才能"天下归仁"。这个"礼"就是周礼，是西周时代人们的生活和行为方式。孔子认为，拯救世界唯一的办法就是恢复周礼，小到说话吃饭，大到祭祀治国，都要按西周的那一套来。

孔子的时代是春秋末年，属于东周，与西周已相去数百年。再说，孔子的家乡鲁国远离周王朝中心，他很可能对周礼的很多细节并不清楚，而当时最熟悉周礼的人，应该就是担任守藏室史的老子——守藏室史相当于国家档案馆馆长，有机会接触大量历史文献。于是，孔子才会向老子请教周礼。

但孔子所追求的，恰恰是老子所摒弃的。

在老子看来，"礼"是表面而肤浅的形式主义，属于远离大道的"下下之德"。这个世界之所以败坏，就是因为人类太聪明、太想有所作为，而老子眼中拯救世界的办法就是放弃对仁、义、礼、智的追求，回归清静无为的大道大德。

孔子对老子的这套学说，应该是心悦诚服的，否则他不会在学生面前把老子比喻成乘风云上九天的龙。但回到鲁国后，孔子依然坚定地主张仁义，并以恢复周礼为己任。

这并不是因为孔子在回去的路上，发现自己被洗了脑，清醒过来，而是他知道，世界已然是这个样子，对大部分普通人而言，不能用圣人的标准来要求他们，而应该给出简单易行的规范，让人们守住底线，如此，世界就算不能回到最好的样子，至少不会再败坏下去。

这就是儒家的精神——以天下为己任，明知不可为而为之。

从道德到礼法，是自然秩序弱化的过程，也是人为秩序强化的过程。这一变化，老子在《道德经》第38章中讲得很明白。

这一章也是老子思想和孔子思想交集最多的一章，这两位东方古代先贤的主张，看上去背道而驰，实质上却是统一的。只不过，老子希望回归起点，让世界回到最好的状态；孔子希望守住底线，让这个世界不变得更差。

世界是多元的。想成为圣人，可以追求道与德；想做一个君子，应该追求仁与义。对于普通人而言，无须要求太高，只要能遵守礼与法就可以了。

对于统揽全局的企业家而言，礼法就是企业的基本规范、制度和流程，仁义就是企业对客户、员工和股东等利益相关者的价值主张，而道德就是商业和组织发展的本质规律。

企业家应该学会"守后争先"——把底线守好，把最基础的事情做好，然后去挑战价值创造的新高度，不断借事修心，最终让自己无限贴近经营的大道真理。

> **《道德经》第39章**
>
> 昔之得一者：天得一以清，地得一以宁，神得一以灵，谷得一以盈，万物得一以生，侯王得一以为天下正。
>
> 其致之也。谓天无以清，将恐裂；地无以宁，将恐废；神无以灵，将恐歇；谷无以盈，将恐竭；万物无以生，将恐灭；侯王无以正，将恐蹶。
>
> 故贵以贱为本，高以下为基。是以侯王自称孤、寡、不谷。此非以贱为本邪？非乎？故至誉无誉。是故不欲琭琭如玉，珞珞如石。

领导力的"第一性原理"

一个人如果偶尔成功一次，也许是靠运气，但如果可以连续成功，那肯定是掌握了某种成功的根本方法。

美国企业家埃隆·马斯克，一直在跨领域创业，而且几乎做什么成什么。

他的业务范围，从在线支付（PayPal）到太空探索（Space X），从电动汽车（特斯拉，Tesla）到家用太阳能（SolarCity），从地下交通（The Boring Company）到超级高铁（Hyperloop）。2017年，他创立了主攻脑机接口技术的Neuralink，开发植入人脑的设备，目标是有朝一日能下载人的思想，让人的意识永生。

这些业务几乎毫无关联，却都具备一定的颠覆性，人们不禁要问：他是怎么做到的？

过去凡是得到"一"的：天得到"一"而清明，地得到"一"而安宁，神得到"一"而灵妙，五谷得到"一"而充盈，万物得到"一"而生长，侯王得到"一"才能天下安定。

推理下去——如果天失去了清明，恐怕会崩裂；地失去了安宁，恐怕要震溃；神失去了灵妙，恐怕要停歇；五谷失去了充盈，恐怕要枯竭；万物失去了生机，恐怕要灭绝；侯王失去了天下安定，恐怕要被颠覆。

所以贵以贱为根本，高以下为基石。因此，侯王自称"孤""寡""不谷"，不就是以贱为根本吗？难道不应该吗？追求荣誉就是没有荣誉。所以，不要想做华丽的美玉，宁可做坚实的顽石。

在一次采访中，马斯克透露了他创新的思维秘诀——"第一性原理"。

他说："'第一性原理'的思想方式是从物理学的角度看待世界，也就是说一层层剥开事物表象，看到里面的本质，再从本质一层层往上走。"

在创立 SpaceX 时，他发现一枚传统运载火箭的价格高达 6500 万美元，于是他用"第一性原理"进行分析，发现制造火箭的材料主要是航空铝合金与钛、铜、碳纤维。然后，他想：这些材料在市场上值多少钱？结果发现成本是传统运载火箭价格的 2%。最后他造出了可回收运载火箭，将发射成本降低到原来的 10%。

在研发特斯拉电动车时，电池价格是每千瓦时 600 美元，按这个价格，一辆电动车光电池成本就超过 5 万美元，这样的车造出来根本没几个人买得起。于是，他又用"第一性原理"思考：构成电池组的碳、镍、铝等原材料在市场上购买需要多少钱？结果他吃惊地发现，只需每千瓦时 80 美元。于是，他建了电池厂，最终让特斯拉最低只卖到 3.5 万美元。

"第一性原理"的意思是：在每一个系统中都存在一个最基本的命题，该命题不能被违反或删除。

任何一个系统最本质的规律，就是它的"第一性原理"。

《国富论》的作者亚当·斯密发现了经济学的"第一性原理"：市场这只"看不见的手"在调节供求关系。

《物种起源》的作者达尔文发现了生物学的"第一性原理"：物竞天择，适者生存。

美国的《独立宣言》提出了西方现代政治学的"第一性原理"：人生而平等。

任正非在思考企业管理的"第一性原理"时，借鉴了热力学第二定律——熵增原理。

随着人类的知识不断发展，自然科学和社会科学越来越细分，每个学科都有自己的"第一性原理"，并以此为基石发展出该学科的复杂系统。但是，在众多"第一性原理"的背后，是否存在一个统一的"第一性原理"——终极真理呢？

无数哲学家、科学家都试图发现这个"第一性原理的第一性原理"。有一次,在和量子物理学家李铁夫聊天时,他对我说:"我不相信'上帝的公式'会写成一本厚厚的手册,它应该只是写在一张小纸条上。"

中国传统哲学的终极真理是"道",老子说"道者万物之奥",还说"道生一,一生二,二生三,三生万物"。

"道"生出的"一"究竟是什么?老子并没像小他180岁左右的亚里士多德那样给出名词解释般的定义,而是在《道德经》第39章中列出六种情景,阐述"一"的重要性。

天得一以清,地得一以宁,神得一以灵,谷得一以盈,万物得一以生,侯王得一以为天下正。

不知道老子说的"一",是不是亚里士多德的"一"。但老子的"一"是宇宙(天和地)、精神(神)、生命(谷和万物)、社会(侯王和天下)正常运行的秩序基石,不能被省略,也不能被违反,否则一切将走向混乱和毁灭。

老子还告诉人们,"贵以贱为本,高以下为基",一切高级的存在,都是以简单的规律为基石的。

领导者如果知道这些,就不会将荣誉归功于自己,而是会归功于大道;就不会追求表面的华丽,而是会坚守本质的基石。这,也许就是老子为领导者整理出的"第一性原理"吧。

· 第五篇 ·
自我越小，成就越大

> 《道德经》第40章
>
> 反者道之动；弱者道之用。
> 天下万物生于有，有生于无。

世界观决定人生观、价值观

"生命诚可贵，爱情价更高，若为自由故，两者皆可抛。"这是匈牙利诗人裴多菲的名句。但是，很多人更相信另一句话："好死不如赖活着。"看，这就是价值观的差别。

价值观，关乎一个人的价值判断和选择，它的正确与否，只有在重大得失前才能被验证。而价值观取决于人生观，人生观取决于世界观。

苏格拉底说，未经审视的生活不值得一过。如果我们不理解世界如何运作，不思考人生的目的和意义，那就无法审视自己的生活。

要建立正确的价值观、人生观和世界观——"三观"，就要不断理解这个世界，知道它是如何形成的，如何运作的，知道人为什么存在，知道人与世界的关系是什么，知道

> 循环是道的运动；柔弱是道的运用。
> 天下万物来自"有"，而"有"来自"无"。

作为一个人，应该如何正确地生活。

佛教徒认为世界是因果轮回的，人生的目的在于去掉贪嗔痴，解脱轮回之苦。基督徒认为世界是神创造的，人生的目的就是荣耀上帝，死后进天堂。

那么，老子是怎么回答这些问题的呢？老子说，天下万物皆有它们各自的母体，但这些母体，全是由看不见的道而生的。在《道德经》第40章，老子用21个字表达了他的世界观，也就是他认为世界是如何形成的，如何运作的。

反者道之动；弱者道之用。天下万物生于有，有生于无。

"无中生有""有生万物"是世界的形成方式；从弱到强的循环往复，是世界的运动模式。这种观点放在西方哲学的框架中，是典型的本体论。老子认为，大千世界、宇宙万物，不管如何纷繁复杂，统统源自一个叫"有"的东西。与"有"相对的就是"无"，它们中间存在明显的界限。

最原始的、本质的"有"是什么，科学界至今都无法明确解答，而哲学家称之为"存在"（Being），是抽象的"有"。

很多人认为，宇宙的起源是奇点大爆炸，大爆炸产生了基本粒子，基本粒子不断衰变、演化产生了各种原子，原子演化出分子，分子演化出生命，这就是"一生二，二生三，三生万物"。

"一""二""三"是万物最早的"有"，老子说"道生一"，又说"有生于无"——很明显，道就是"无"。

既然道生万物，那么万物发展和运动的规律就应该符合道。这种规律是什么？老子说"反者道之动"。

"反"有两种意思，一是相反、对立，二是返回、循环。老子既讲凡事都有对立面的辩证法，又讲事物发展循环往复的规律性。

古人对世界最主要的观察就是天地变化，一年四季寒暑交替是循环的，一天的日月升落也是循环的。而动植物的生命，会经历生老病死，死亡与新生互为循环。

无论是四季还是生命，在一个循环中都会经历"萌发""成长""熟壮""凋亡"的阶段，越是强大越是趋近死亡。在老子的世界观中，事物在萌发阶段，看上去柔弱，其实生命力充沛；事物在熟壮阶段，看起来强壮，其实离衰败不远了。

> 《道德经》第41章
>
> 上士闻道，勤而行之；中士闻道，若存若亡；下士闻道，大笑之。不笑不足以为道。
> 故建言有之：明道若昧；进道若退；夷道若颣；上德若谷；大白若辱；广德若不足；建德若偷；质真若渝；大方无隅；大器晚成；大音希声；大象无形。道隐无名。夫唯道，善贷而成。

真理存在于经验无法抵达之处

  1592年的威尼斯，一位44岁的中年人被关进监狱，罪名是"散播异端邪说"。在被关押的8年中，他受尽酷刑折磨，却不肯"悔改"，最后在罗马的鲜花广场被火刑烧死。这个人叫乔尔丹诺·布鲁诺，他坚信哥白尼的"日心说"。

  1842年的伦敦，31岁的达尔文在环球航海归来6年后，完成了《物种起源》的提纲。后来，达尔文又将其扩展为数篇文章，但他担心被扣上"异端邪说"的帽子，迟迟不敢拿出来发表。直至1859年，《物种起源》才问世。

  今天，"地球绕着太阳转""物竞天择，适者生存"都是常识。可就在几百年前，人们会因为相信这些观念而身陷牢狱，甚至性命不保。

  人类的认知是渐进的，新观念刚出现时不易被接受，后认知水平高的人听见了真理，心服口服地践行；认知水平中等的人听见了真理，将信将疑；认识水平低下的人听见了真理，哈哈大笑——不被嘲笑，就不足以成为真理。

所以上古立言之人说过这样的话：光明的道好像暗昧；前进的道好像后退；平坦的道好像崎岖；崇高的德好像低谷；纯洁的心好像有污垢；广博的德好像不足；刚健的德好像懦弱；质朴纯真好像善变；最方正的好像没有棱角；最贵重的器物最后完成；最美的音乐听不到声音；最伟大的形体没有形迹。

道幽隐而没有名称，但唯有道，善于辅助和成就万物。

来却可能变成不容置疑的常识，而当更新的观念出现时，打破这个常识又很费力。

认知每进一步，常识就被颠覆一次。所以，当"真理"出现时，总是极少数人相信，小部分人将信将疑，而大部分人都在嘲笑、斥骂。所以，老子才会说："上士闻道，勤而行之；中士闻道，若存若亡；下士闻道，大笑之。不笑不足以为道。"

大部分人总被过去的经验遮蔽心智，导致新事物刚出现时，他们看不见，看见的时候瞧不起，新事物形成势头的时候，他们看不懂，新事物成为主流的时候，他们却已追不上。

平庸的领导者只能看到表象，而优秀的领导者能抓住本质，能在微小的变化中把握趋势。

毛泽东曾说:"坐在指挥台上,如果什么也看不见,就不能叫领导。坐在指挥台上,只看见地平线上已经出现的大量的普遍的东西,那是平平常常的,也不能算领导。只有当着还没有出现大量的明显的东西的时候,当桅杆顶刚刚露出的时候,就能看出这是要发展成为大量的普遍的东西,并能掌握住它,这才叫领导。"

看不见、看得见、能见人所未见,这是人的认知水平的三种层次。当事物没有普遍出现时,那些什么都看不见的人,会嘲笑有远见的人。

但这有什么关系呢?共识和正确有时候就是矛盾的,真理总是先掌握在少数人手里,然后才被大多数人慢慢接受。

世界在真理中运作,但真理有时与人们的经验不一样,甚至相反,所以才会被大多数人怀疑和误解。《道德经》第41章,说的就是这件事。

> **《道德经》第42章**
>
> 道生一，一生二，二生三，三生万物。万物负阴而抱阳，冲气以为和。
> 人之所恶，唯孤、寡、不谷，而王公以为称。故物或损之而益，或益之而损。人之所教，我亦教之。强梁者不得其死，吾当以为教父。

领导之道从反熵增开始

"熵"是一个物理学概念，现在却被管理界广泛使用，华为认为："熵和生命活力，就像两支时间之矢，一头儿拖拽着我们进入无穷的黑暗，一头儿拉扯着我们走向永恒的光明。"

德国科学家鲁道夫·克劳修斯发现，在一个封闭的系统中，热量总是从高温物体传递到低温物体，从有序到无序，最终没有温差，不再做功。他把这个过程叫"熵增"，结果是热寂，也叫"熵死"。

一个新鲜的苹果放着不管就会腐烂，但腐烂的苹果不会自然地变新鲜。一间房子不打扫就会从整洁变得混乱，但混乱的房间不会自动变得整洁。这些都是"熵增"。同样，人的生老病死、组织的由盛转衰，也是"熵增"。

爱因斯坦说："'熵定律'是科学定律之最，牛顿定律和形而上的道所产生的形而下的最初存在,可称为"一";"一"发生了裂变,于是产生了"二";"二"继续裂变,重新组合,这就产生了"三";"三"不断地裂变、组合,从而产生了万物。万物都有阴阳两种特性,阴阳互相作用,形成新的和谐体。

人们所厌恶的就是"孤""寡"和"不谷",但王公却用来自称。任何一个事物,减损它有时反而得到增加,增加它有时反而受到减损。别人教导我的,我也用来教导人——勇武逞强的人不得好死!我的讲课教学,就从这句话开始。

相对论都可能被颠覆,但'熵定律'不会。"

"熵增"是不可逆的,那么,什么能对抗"熵增"呢?答案是"生命活力"。

1943年,奥地利物理学家薛定谔在一次演讲中说:"万物都趋向从有序到无序,即熵值增加。而生命需要通过不断抵消其生活中产生的正熵,使自己维持在一个稳定而低的熵水平。生命以负熵为生!"一年后,他根据这次演讲的内容写作出版了《生命是什么》一书。

一般的物体只能被动地接受"熵增",生命却能主动寻求"负熵"以抵消"熵增"。植物,用光合作用获得生命所需的"负熵";动物,通过摄取食物获得"负熵"。"生命活力"就是"反熵增之力"。

自然科学和社会科学是相通的。从约 137 亿年前的宇宙大爆炸，到今天人类社会的纷繁复杂，整个过程有一条脉络在主导，理解了这条脉络，就能知道客观世界如何运作，也能明白人类社会如何发展。

《道德经》第 42 章谈的就是"万物之道"和"领导之道"。

第一句"道生一，一生二，二生三，三生万物"，告诉我们世界的运作方式是熵增、衰变的，且存在物物之间的主动结合，充满了反熵增的活力。

然后，老子又告诉领导者，要认识世界运作的规律，要主动处于谦虚低调、自我减损的位置。这也是反熵增的位置。

在老子眼中，万物的趋势都是从简单到复杂，从有序到失序。失序会导致失衡，因此万物需要通过互相结合，重新找到平衡点。

在世界这个系统中，越低级的、简单的，越有序；越高级的、复杂的，越失衡。理解了这一点，就能获得关于反熵增的认知——谦虚低调活得久，牛气哄哄死得快！

> 《道德经》第 43 章
>
> 天下之至柔，驰骋天下之至坚。无有入无间，吾是以知无为之有益。
> 不言之教，无为之益，天下希及之。

企业文化靠做不靠说

在华为创立初期，任正非喜欢请专家来企业交流指导。

据说，有一次，一位经济学家和任正非探讨华为的战略是什么，任正非自豪地回答"活下去"。经济学家认为"活下去"根本不能算战略，于是继续追问，结果把任正非问急了，谈话不欢而散。这位经济学家最后的结论是"华为没有战略"。

没有战略，那企业文化总有吧？其实也没有！当时的华为，并没有提炼出像样的企业文化，可它偏偏又是一家干什么事儿都特别玩儿命的公司。

其实，一家企业的战略和文化，说不出来不代表没有，天天喊出来也不代表有。

只要稍微有点儿规模的企业，墙上就都会挂着自己的

> 天下最柔软的东西,能驾驭天下最坚硬的东西。无形的力量能穿透没有间隙的东西,我因此知道无为的益处。
>
> 不言的教导,无为的益处,天下很少有能够做到的。

"企业文化",而且往往都是些似曾相识的大道理。可是,把 A 企业的"企业文化"挂到 B 企业墙上,看上去也没毛病。

我甚至见过好几家企业直接挂出了"以客户为中心,以奋斗者为本……",和华为后来自己总结的企业文化一样。

真正的企业文化,不在于怎么说,而在于怎么做;不是挂在墙上的,而是刻在大家心里的。华为塑造企业文化的过程,就可以用"刻骨铭心"这四个字来形容。

华为创立初期,市场都是靠销售人员拼下来的。他们把产品卖进了电信局,为华为立下了汗马功劳,但也逐渐生出了骄傲自满的情绪,很多人以元老、功臣自居。

为解决这个问题,任正非召开千人大会,"忽悠"市场部员工集体大辞职，接受公司再聘用。结果，很多"牛人"没有在再聘用中官复原职，直接被下放到基层岗位，重新做一个"大头兵"。

有人就此消沉，有人却"知耻而后勇"，通过努力重新回到领导岗位上，任正非在评价这些人时说，"烧不死的鸟是凤凰"。由此，华为确立了"干部能上能下、能左能右"的企业文化。

还有一次，华为针对研发人员盲目创新造成浪费的问题，搞过一个"呆死料颁奖大会"，把积压在仓库里的报废产品，当作"奖品"发给研发人员，由此确立了华为研发团队"质量是我们的自尊心""泥坑里爬起来的是圣人"的价值观。

中国有句老话叫"记吃不记打"，华为的企业文化中有很多"不成文的规矩"，而这些规矩是在一次次做出艰难的选择后，沉淀下的规范和原则。这才是真正的企业文化，比挂在墙上的口号强一万倍。

任正非曾经说过："世界上一切资源都可能枯竭，只有一种资源可以生生不息，那就是文化。"

可是，企业文化这种"资源"是最无形的，看不见、摸不着，不能马上产生经济效益。因此，有很多企业平时把企业文化的口号喊得震天响，却因为一点儿利益，就能立刻弃之于不顾——毕竟，"文化"换不来钱。

真正的企业文化会变成组织的潜意识，会转化成一种无须思考的行动，成为全体员工的行为和思维习惯。

习惯决定命运。如果一家企业的员工习惯了拍马屁、推责任、占便宜，企业就会迅速衰亡；如果企业的员工以讲真话、有担当、有利他之心为习惯，企业定会蒸蒸日上。

所以，一位领导者最关键的是要做好以下两条：第一是搞懂企业、组织和人性成败的客观规律，并且百分之百地按规律办事，不瞎折腾；第二是顺应规律，并一次次在具体的事情上做出符合规律的选择，最后形成组织的行为和思维习惯，让组织拥有顺应规律的本能。

上述第一条是"无为"，第二条是"不言之教"。《道德经》第 43 章谈的就是这些内容。

很多人都喜欢谈"修炼"，其实"修"和"炼"是两种不同的功夫，"修"是提升内在的心性和认知，"炼"是在具体的事情中磨炼和检验。

人的思想和精神是天下"至柔"和"无有"的存在，但能左右事物的发展方向，战争、国家、财富、历史，其实都是人类思想的产物。在思想之上，有道这个更高的存在，道是思想的灯塔，得道多助，不道早已。

> **《道德经》第44章**
>
> 名与身孰亲？身与货孰多？得与亡孰病？
> 甚爱必大费；多藏必厚亡。
> 故知足不辱，知止不殆，可以长久。

因为看淡，所以才能成功

北京的一些企业家自导自演过一出话剧，演的是"企业家的故事"，剧中融入了过去几年中国商界的很多故事原型，其中，不少角色是破产、跑路、猝死甚至自杀的企业家。这出话剧让现场观众唏嘘不已。

演出结束后，我想，剧中的那些角色如果能好好读读《道德经》，也许就不会走到那一步。老子不厌其烦地告诉我们，追求生命的内在品质远比追求名利重要。

我并非主张企业家不要去追求和创造财富，只是，不要在追求的路上迷路。可是，每年都有很多人迷路、跑路，甚至走上不归路。

曾经的创业板首富贾跃亭，如今在美国滞留不归。当年他可是"大手笔"，产业涉及影视、电视、手机、体育、云声名与生命相比，哪一个更亲？生命与财货相比，哪一个更重？得到名利与丧失生命相比，哪个更有害？

过分爱慕身外之物，必定有很大的耗费；总想着占有更多，必定导致惨重的损失。

所以，知道满足就不会受屈辱，知道适可而止就不会有危险，这样才可以保持长久。

生态、汽车、金融等，而且都是做生态。他总喜欢说"为梦想窒息"，不幸一语成谶，身陷债务危机。

近几年，我们常会听到企业家早逝的消息。在伦敦猝死的先锋集团创始人张振新，前几年他还坐拥千亿元资产，踌躇满志地布局 P2P 和数字货币，结果资金链断裂，他的身体也在压力下"崩盘"。还有"80 后"创业明星茅侃侃、47岁的后 EMBA 创办人崔巍、42 岁的比特易创始人惠轶……这些企业家的离世，应该引起我们的反思。

所谓的经济下行并非主因，主要还是有些人主观上冒进，将身家性命投入一场豪赌之中。其实，只要上了赌桌，早晚会输得精光，因为输了的总想回本，赢了的又沾沾自喜，继续准备下一场豪赌。

最近有位企业家朋友对我说，以前总是想做大，想赚快钱，但现在很享受踏踏实实干活、慢慢赚钱的感觉。

企业家应该如何定义个人的成功？是一味把企业做大做强吗？是个人资产不断增加，财富排名不断靠前吗？是知名度越来越高，在朋友圈中越来越有面子吗？

真正成功的企业家，早已看淡了名利。"面子是给狗吃的！"这是任正非对于声名的态度。"我们不追求大，不追求强，我们追求成为一家活102年的好公司。"这是阿里巴巴对企业成功的态度。

也许很多人会说："他们成功了，所以才能看淡，站着说话不腰疼。"但我想说，正是因为看淡了，他们才能成功。

而且，优秀的企业家通常可以把事业追求和个人境界追求统一起来，工作只是他们个人修炼的"道场"。

内在的生命价值和外在的名利财富，究竟应该如何选择？老子《道德经》第44章给出了明确的答案。

老子看透了许多事情，并把道理写得明明白白，可是2000多年过去了，听话照做的人总是少之又少。他明白这一点，所以才会说"大道甚夷，而民好径"，又说"不笑不足以为道"。

道，是事物的本质，名利只是本质的附庸。但是，大多数人都热衷于追求附庸而舍弃本质，这种追求是镜中花、水中月，到头来只是一场空。

企业存在的本质是为客户创造价值，财富和知名度只是创造价值的结果，是自然而然的结果。企业家在这个过程中只有守住本质、不动贪念，把理所当然的事情做好，才能让企业拥有长久的生命力。

> 大成若缺，其用不弊。大盈若冲，其用不穷。大直若屈，大巧若拙，大辩若讷。
> 躁胜寒，静胜热。清静为天下正。
>
> ——《道德经》第45章

用全新的尺度看世界

用不同的尺度观察世界，就会看到世界不同的样子。

"任意两个点可以连成一条直线；通过直线外的一个点，可以画出与该直线不相交的平行线。"这是古希腊数学家欧几里得提出的两条公理，他眼中的世界由"点、线、面"构成，是平直的。

1912年，爱因斯坦在构想广义相对论时，发现欧式几何解决不了他的问题。幸运的是，数学家格罗斯曼向他介绍了黎曼几何，有了这把新的数学钥匙，爱因斯坦顺利地打开了广义相对论的大门。

黎曼几何的基本假设是"通过直线外的一点，没有一条不相交的线"，就是说，世上没有绝对的平行线，所有直线最终会相交，因为世界是弯曲的。

> 大完满的好似残缺，其作用却永不衰竭；大充盈的显得空虚，其功效却不会穷尽。最正直的好像弯曲，最灵巧的显得笨拙，最雄辩的无需言辞。
> 疾动可以战胜寒冷，安静可以平息燥热，清静无为才能让天下繁荣安顺。

在日常生活中欧式几何很适用，但在研究关于地球和宇宙的问题时，黎曼几何更适用。

100米的跑道是直线，1000米长的公路也可以是直线，但1000公里长的地平线是曲线，1000万公里的距离就会出现时空弯曲。这是典型的"大直若屈"。

在《道德经》第45章中，老子提出，大尺度下的事物会与其日常状态存在差异，他说：**大成若缺，大盈若冲，大直若屈，大巧若拙，大辩若讷。**

尺度即格局，也是心智模式，跳出习惯的尺度看问题，才能突破格局，创造不同。

爱因斯坦说："由某种心智模式产生的问题，如果用同样的心智模式去解决，是一定行不通的。"

苹果创始人乔布斯所追求的，就是"创造不同"（Make a Difference），他总是用全新的尺度看问题，进行颠覆式创新。

在苹果推出智能手机之前，市面上已经有很多智能手机，但这些手机在输入方式上，要么是使用小小的全键盘（如黑莓、Palm），要么是使用一支手写笔（如摩托罗拉、三星）。

乔布斯却认为，最灵活的"笔"就是我们的手指。他推出的iPhone，只需动动手指，就可以在手机上进行各种灵活操作。对乔布斯而言，最灵巧的设计是"傻瓜式操作"，把复杂留给自己，把简单留给用户。这是典型的"大巧若拙"。

iPhone几乎没有纸质说明书。记得在十几年前，手机都会带一本厚厚的说明书，介绍手机的各种功能和操作方法，iPhone却一反常规！根本原因在于，乔布斯追求的效果是让用户不看说明书就会使用——无须解释，你就明白。这是典型的"大辩若讷"。

苹果的标识（Logo）是一个被咬过苹果，让人很容易联想到"大成若缺"。

"大成若缺"与"大盈若冲"有同样的含义，真正的大成就、大圆满都留有余地，这是一种"留白"的智慧。允许更多的可能性，接纳更多的变化，这样才能不穷尽、不衰竭，生生不息。

世界因开放而鲜活，所有的生命都是一个开放系统，新陈代谢，吐故纳新，永远在变化之中。一旦停止变化，就趋近死亡了。

所以,领导者要有"留白"的智慧,不要追求自己的存在感,而要把握规律、顺应人心,要接纳变化,把空间给大家。这样,人们的才华和创造力就会像植物一样旺盛地生长,这就是"清静为天下正"。

> 《道德经》第46章
>
> 天下有道，却走马以粪。天下无道，戎马生于郊。咎莫大于欲得；祸莫大于不知足。故知足之足，常足矣。

懂得知足，才是长足发展之道

公元前81年，汉昭帝当政期间，在首都长安举行了一次为期5个多月的"国会大辩论"。

参加辩论的正方是以丞相和御使大夫为代表的政府官员，反方是各州郡推选的60余位贤良，辩论的焦点是要不要继续执行汉武帝颁布的"盐铁专卖"等一系列经济政策，这次辩论的"会议纪要"就是著名的《盐铁论》。

其中一场辩论是这样的。

政府官员代表说："过去内地人口众多，物产不足，汉武帝领导我们平定百越、羌、胡，让我们能拥有边境地区的富饶物产，没有盐铁专卖带来的财政支持，我们能有现在的这些好处吗？"

贤良代表反驳道："以前没有和胡、越打仗的时候，税

> 天下治理有道的时候，战马都还给老百姓运粪耕田；天下治理无道的时候，怀孕的母马都要上战场，小马驹会在郊野出生。
> 没有比欲望太多更大的罪过，没有比不知满足更大的祸患。所以懂得满足的满足，才是长久的满足啊！

收很少，老百姓丰衣足食，农夫都用马耕田。战争爆发以后，军马不足，连母马也上了阵，马驹都生在战场上，内地的老百姓有时连米糠都吃不上。边境地区的富饶有啥用？"

仅这几句辩论，就可反映出双方的基本立场。政府官员认为国家应该抓住经济大权，这样才能"集中力量办大事"；而地方贤良认为应该"无为而治"，只有政府不折腾，老百姓才能过上好日子。

两种国家治理的路径，哪一个更好？其实并没有标准答案。

早在这场辩论发生之前的400多年，老子就有过明确的表态。他在《道德经》第46章中就说过："天下无道，戎马生于郊"。

老子是一位和平主义者，他衡量政治优劣的唯一标准，就是老百姓能否过上好日子。大部分时候，领导人建功立业的欲望，恰恰是给国家带来祸患的根源。

人类几千年的文明史，就是战争与和平的交替史，天下有道还是无道，马儿最知道：有道的时代平平淡淡，千里马无用武之地，只能驮驮粮食，拉拉肥田的大粪。天下无事，是最好的事。

不论是治理国家，还是管理企业，抑或是对待自己的身体，老子这段话都经得起时间的考验。

一国之君如果私欲多而不知足，要么穷兵黩武，对外发动战争，要么玩物丧志，沉迷于个人享受，其结果大多是劳民伤财、祸国殃民。

一位企业家如果私欲多而不知足，就会好大喜功，一味追求扩大企业规模，为了满足野心和虚荣心做出不理性的决策，最终让企业陷入困境。

一个人如果私欲多而不知足，就很容易暴饮暴食、熬夜无度，或者把心思花在与别人的攀比和计较上，无谓地消耗掉自己的精神和健康，落下一身病痛。

合理的欲望让人进步，欲望太多就会带来祸患。把握欲望的尺度在于"知足"。不知足，就会被欲望控制，成为它的奴隶；知足，就能控制欲望，成为欲望的主人。

知足是一种智慧，用这种智慧去领导企业，往往能让企业取得长足的发展。

> 《道德经》第47章
>
> 不出户,知天下;不窥牖,见天道。其出弥远,其知弥少。是以圣人不行而知,不见而明,不为而成。

突破经验束缚

人们总说"眼见为实",但这只是经验主义,人类探索真理很少靠"眼见为实",而是靠逻辑推理。

1781年春天的一个夜晚,英国天文爱好者威廉·赫歇尔用望远镜观测星空时,偶然发现了一个不同寻常的天体,它光线暗淡、运行缓慢,之前从未被记录过。这就是天王星,是人类发现的太阳系第7颗行星。

40年后,擅长数学的巴黎天文台台长布瓦尔发表了《天王星星表》,试图预测天王星的运行轨道。此前,他曾通过计算,精准地预测了水星、土星的运行轨道。但是,天王星似乎违反了行星运动规律,运行轨道总是偏离他的预测结果,布瓦尔知道一定是哪里出问题了,但很遗憾,一直到去世,他也没有找到答案。

足不出户,就知道天下的事理;不瞥窗外一眼,就知道天地运行的规律。有时候走得越远,经验越多,所知的真理就越少。

因此,真正的智者,不必经历就有知识,不必亲见就能明了,无须作为就能成功。

又过了 20 多年,英国剑桥大学的一位 26 岁的年轻教师亚当斯也注意到了天王星运行轨道的反常现象。他研究了当时的观测记录,推测出存在一颗未知天体,其引力干扰了天王星的运行。

亚当斯相信,根据天王星运行轨道的已有数据,再通过牛顿万有引力理论,一定能反推出这个未知天体的质量、位置以及运行轨道。

随后,他经过艰巨的徒手计算,预测出了这颗行星的运行轨道,并于 1845 年 10 月和次年 9 月,分别向剑桥大学天文台和格林尼治天文台提交了他的计算结果,但他的发现并未引起重视。

1846 年 9 月,巴黎工艺学院 35 岁的天文学教师勒威耶也计算出这颗造成天王星摄动的未知行星的运行轨道,并把计算结果寄给了柏林天文台的副台长伽勒,请他寻找这颗未知的行星。1846年9月23日,伽勒根据勒威耶的计算结果,只花了一个半小时就观测到了这颗行星,其位置离勒威耶的"预言"相差不到1°。

这颗新发现的行星,就是海王星。

发现太阳系第8颗行星的消息很快轰动全世界,勒威耶和亚当斯成为海王星的共同发现者,今天,海王星的两个主要的环被称为亚当斯环和勒威耶环。

海王星是第一颗人们利用数学推算而非肉眼观测发现的行星,这颠覆了人类"眼见为实"的经验,在当时引起了极大的轰动。勒威耶和亚当斯都被誉为"没有朝窗外看过一眼,就用笔尖发现行星的人",这不正是老子所说的"不窥牖,见天道"吗?

英国物理学家洛奇就赞叹地写道:"除了一支笔、一瓶墨水和一张纸以外再不用任何仪器,就预言了一个极其遥远的人们还不知道的星球,并敢于对天文观测者说'把你的望远镜在某个时刻对准某个方向,你就会看到一颗人们过去从不知道的行星'。这样的事情,无论在什么时候都是令人惊讶和引人入胜的。"

老子说"其出弥远,其知弥少",意思是:经验主义是肤浅的,靠经验积累所获得的认知往往并不可靠,经验越丰富反而可能离真理越远。

人类的知识有两种来源，一种是基于实践的经验归纳，另一种是基于逻辑的推演。通过实践可以培养出手艺和积累经验，而科学是超越经验的，科学的进步通常归功于纯粹的逻辑推演。

很多时候，人们的经验越丰富，反而越容易跌入"思维遮蔽性"陷阱，从而错过接近真理的机会——其实，早在1612年12月，意大利天文学家伽利略就观测到了海王星，但他认为这是一颗恒星，因为海王星的运行轨道，不符合伽利略的行星观测经验。

人类历史上伟大的思想家和科学家，很多都是"没经验"的人。牛顿在23岁左右时开创了微积分，完成了光分解的实验分析，发现了万有引力定律，打下了现代数学、光学和力学的基础。爱因斯坦在26岁时发表了关于布朗运动、量子论和狭义相对论的3篇论文，开创了现代科学新纪元。他们之所以在20多岁就能"不行而知，不见而明"，把整个人类的认知推向全新领域，就是因为没有经验的束缚，从而可以大胆而自由地探索真理！

·第六篇·
德行决定命运的终局

> 《道德经》第48章
>
> 为学日益，为道日损。损之又损，以至于无为。无为而无不为。取天下常以无事，及其有事，不足以取天下。

精益求精，物我两忘

天下最高等的功夫，是无招胜有招。

在电影《倚天屠龙记》中，张三丰临阵传授张无忌太极剑法，他们之间有一段这样的对话：

"无忌，我教你的还记得多少？""回太师傅，我只记得一大半。"

"那，现在呢？""已经剩下一小半了。"

"那，现在呢？""我已经把所有的全忘记了！"

"好，你可以上了……"

张无忌看完一遍剑法时，已忘记了一小半；低头默想之后，忘记了一大半；再看张三丰演练一遍，经沉思玩味，终于忘得干干净净。全部忘记之时，也是学成之时，达到得其意、忘其形，随意出招自成章法的境界。

求学是一天比一天增加见识,求道是一天比一天减少意识。意识减少再减少,一直到"全忘记了"的无为境界。

如果能达到这种"无为",就没有什么事情是做不成的。治理国家更是如此,要以清静无事为常态,如果领导者政举繁苛,他就不配治理国家了。

金庸写出了"高手"的三种境界。普通的高手通过勤学苦练有了一身本事,就像张无忌的对手、熟悉各大门派剑法的"八臂神剑"东方白;厉害的高手不拘泥于技艺,抓住内在的心法,可以随心所欲;顶级高手,连心法都忘了,只是让神功通过自己在作用。

这三种境界,分别是老子说的"为学日益""为道日损"和"损之又损,以至于无为"。张无忌作为顶级的高手,随手一招便是别人从未见过的精妙剑招——看起来怪异得都不能算作剑招,能只用一把木剑,就击败了名镇天下的倚天剑。

其他领域的顶级高手,也能抵达这样的境界。

日本有一位叫小野二郎的寿司师傅,在东京银座一栋办公楼下面开了一间寿司店,它看上去与最普通的寿司店无异,只有10个座位。但就是这样一间小店,连续多年被评为米其林三星餐厅,美国人还专门为他拍了一部叫《寿司之神》的纪录片。

如今,小野二郎90多岁了,是全球最年长的米其林三星大厨,他7岁就开始学徒,做了一辈子寿司。

在日本做寿司学徒没有任何捷径可走,过程艰难而漫长,要从学会拧烫手的毛巾开始,再逐步着手准备和处理食材。做学徒10年过后,师父才会让其独立做蒸蛋,而要出师成为一位真正的寿司匠人,至少需要数十年。

日本的匠人讲求"心技合一"。"技"要精益求精,不断追求更高的水准;"心"要在工作的过程中磨炼,抵达"空"的禅定境界,最终"物我两忘,浑然天成"。

小野二郎在制作寿司时,庄严肃穆,浑然忘我,仿佛与食材合二为一。同时,他会根据客人的体貌特征和情绪,调整寿司的大小、摆放顺序甚至口味,让客人在味蕾愉悦的同时,得到精神上的疗愈和感动。每个吃过的人都会感叹,这是"值得用一生等待的寿司"。

现在很多企业领导者都非常喜欢学习,上各种课,接受各种新的观念,而且很多人下了课就立刻回企业去实践,以至于很多员工怕老板去上课——上完课就要折腾。

其实,学习不仅要做加法,还要做减法,真正善于学习的人,知道得越多,就越能认识到自己的局限和渺小,边界感也越强。这样的人，会不断丰富自己的"不为清单"：不做的事情越来越多，要做的事情越来越少，最后只把最核心、最关键的东西做到极致。这样的人，最终会成为"一英寸◯宽、一英里深"的高手。

其实，"为学日益"与"为道日损"并不矛盾，一个人的认知和技巧没有一定的基础和高度，就无法真正地修炼内在的精神，也无法调动"心"的巨大力量。

但是，如果不知取舍，什么都想尝试，什么都舍不得错过，往往会一事无成。这种领导者是"不足以取天下"的。

◯ 1英寸 = 2.54厘米。

> 《道德经》第49章
>
> 圣人无常心,以百姓心为心。善者吾善之,不善者吾亦善之,德善。信者吾信之,不信者吾亦信之,德信。
> 圣人在天下,歙歙焉,为天下浑其心,百姓皆注其耳目,圣人皆孩之。

永远站在客户的角度思考与行动

"因为宏观经济下行,所以今年的业务不好",这样的话,在我的私董会小组里只要说出来就会被撑。经济下行是企业做不好的借口,不是理由。

日本经济从1992年开始下滑,而且一滑就是近30年。这是什么概念?据统计,1994年日本的GDP总量为4.9万亿美元,到了2018年,它的GDP总量还是4.9万亿美元。

伴随经济下滑的还有老百姓收入的减少。1994年日本的人均年工资约640万日元,到了2018年,只有440多万日元。如果按同期的汇率换算成人民币的话,1994年日本人均年收入约54万元,2018年只有28.5万元。

如果经济下行是企业做不好的理由,那么在近30年经济不增长、人均年工资近乎腰斩的背景下,日本的企业岂不

> 圣人没有自己的成见之心,他总是以百姓的角度去理解和思考。善良的人我善待他,不善良的人我也善待他,这才是有德行的善良。对守信的人我讲诚信,对失信的人我也讲诚信,这才是有德行的诚信。
>
> 圣人治理天下,与谁都合得来,他能为了天下而让自己的内心包容、浑厚。百姓把注意力放在感官追求上,圣人却把人们都当成自己的孩子来爱护。

要死光了?

事实恰恰相反,在过去的二三十年中,日本有一大批企业实现了10倍速增长。比如日本的便利店7-11,其国内店铺数从1995年的6300多家发展到2018年的2万多家,而2018年其全球店铺数更是有7万多家,是全球最大的便利店连锁企业。

7-11创始人铃木敏文有句常挂在嘴边的话:"不是为了客户,而是应当站在客户的立场上考虑问题。"

这句话包含两层含义:第一层是"灵活",要以客户的眼光和角度看问题,不执着于自己的一厢情愿;第二层是"利他",要不断满足客户的利益诉求,永远让客户觉得方便和安心。

循环往复是世界的基本规律，一天 24 小时是循环，一年春夏秋冬是循环。《庄子》里说"夏虫不可以语冰"，意思是不要和夏天生死的虫子讨论冰雪，因为它的生命太短暂，从来就没见过冬天。

宏观经济的周期性也是一种循环，经济下行周期相当于"冬天"，优秀的企业可以穿越不同的经济周期，可以"过冬"，而有些企业就像"夏虫"一样，经济好的时候活得很好，但活不过"冬天"。

那些能穿越周期的企业，善于灵活地根据时代和客户需求的变化，调整自己的工作方法，并且有一颗"利他"之心，永远以满满的善意和诚意对待客户。

企业经营中的灵活和利他之心，就是"以百姓心为心"，不执念于自己的成见，就是像铃木敏文所说的，"站在客户的立场上考虑与行动"。

企业只要"开门"，每天就都会面对各种各样的客户，有善良的也有不善良的，有诚实也有不诚实的，领导者要把"善意"和"诚信"作为对待客户的基本立场。"善者，吾善之；不善者，吾亦善之。""信者，吾信之；不信者，吾亦信之。"

客户只关注自己的利益和需求，企业的天职是满足客户需求，就像父母要满足自己的孩子一样，这就是"百姓皆注其耳目，圣人皆孩之"。

《道德经》第49章,虽然说的是圣人对待百姓的方式,但如果企业能用同样的方式对待客户,一定会得到客户的拥戴。

能够一直追随时代变化,一直得到客户拥戴的企业,当然能穿越不同的经济周期,甚至在经济下行的"冬天",还获得很多被"夏虫"放弃的客户。

> 《道德经》第50章
>
> 出生入死。生之徒,十有三;死之徒,十有三;人之生,动之于死地,亦十有三。夫何故?以其生生之厚。
> 盖闻善摄生者,陆行不遇兕虎,入军不被甲兵;兕无所投其角,虎无所用其爪,兵无所容其刃。夫何故?以其无死地。

化解危机最好的办法是远离危机

伯克希尔-哈撒韦的副主席芒格有一次在机场候机时,遇见了一位年轻的朋友,这位朋友很惊讶地问他:"你有自己的私人飞机,为什么还要坐民航客机,经受这么多麻烦呢?"

芒格回答:"第一,我一个人出差坐专机太浪费了。第二,我觉得坐民航客机更安全。"芒格不愧是一位投资家,随时随地关注回报率和风险。

2019年8月,普华永道发布了2019年全球市值百强企业名单,芒格和巴菲特合伙经营的伯克希尔-哈撒韦以4940亿美元市值排名第5位,而10年前他们还以1221亿美元的市值排名第12位。

2020年时,芒格已经96岁了。这意味着,他这辈子绝

> 人从娘胎里出生，死后埋入泥土。属于长寿的人，占十分之三；属于短命的人，占十分之三；本来可以活得长却走上了死路的人，也占十分之三。这是为什么呢？因为他们太想活好，反而过度了。
> 听说善于养护生命的人，在大地上行走不会遇到犀牛和老虎，在战争中不会被兵器所杀伤；犀牛用不上它的角，老虎用不上它的爪，兵器用不上它的刃。这又是为什么呢？因为他们从不把自己置身于有死亡风险的境地。

大部分的钱，是他在85岁以后赚到的。一位耄耋老人能取得这样的成果，简直是人类商业史上的奇迹。

芒格经过一生的努力，终于集财富、健康、智慧和品德于一身。他在2019年还能和巴菲特一起参加长达6小时的股东大会，并且在会上对答如流、妙语连珠，分享他的人生和投资哲学，圈粉无数。在美国，很多人把他誉为"当代圣人"。

和很多人不同，芒格对成功的渴望远不及他对失败的关注。他总是逆向思考——想要获得幸福，就要研究痛苦是怎么造成的；想要企业强盛，就要先研究企业为何会衰败；大部分人关心如何在股市上赚钱，他最关心为什么大部分人在股市上赚不到钱。

"我只想知道将来我会死在什么地方，这样我就不去那儿了。"在芒格喜欢说的这句谚语中,蕴含了逆向思维的智慧。

真正厉害的人不仅懂得如何赢,更懂得如何不输。步步高集团创始人段永平说过:"常在河边走,哪能不湿鞋,有时候一湿就是一辈子!"辛苦很长时间积累的成果,往往因为一个错误就全部归零,一失足成千古恨,从商投资如此,从政为官如此,从军打仗更是如此。

芒格是深谙此道的高手,他喜欢以失败为师。他持续收集人类历史上各种人物、企业、政府乃至学术研究等领域的失败案例,并把失败原因归纳成自己的决策检查清单。这种刻意练习和自律,让他在人生、事业决策上几乎从来不犯大错。而长期在正确的道路上积累、不走回头路给他带来的"复利",是极其可观的。

懂得避开问题的人,远胜过善于解决问题的人。化解危机的最好办法,不是提高化解危机的技巧,也不是积累化解危机的经验,而是让自己远离危机。

越了解芒格的风格和经历,我就越觉得他像老子在《道德经》第50章中所说的"善摄生者"。首先,他生活简朴,从不追求骄奢淫逸,没有"生生之厚";其次,他不去可能让自己"死掉"的地方,远离各种风险和圈套,真正做到了"其无死地"。

犀牛、老虎、兵器是置人于死地的外在风险,贪婪、放纵、傲慢等人性的弱点,其实是人们内心的犀牛、老虎和兵器，同样可置人于死地。超速驾驶、酗酒吸毒、贪污受贿、欺诈造假，甚至抢劫杀人……这些"危险"背后，哪个不是放纵的欲望？

人的肉体必然会面对死亡，虽然老子知道人的精神可以超越死亡（死而不亡者寿），但在老子看来，如果不能活出生命最好的样子，还谈什么精神超越？

如何活出最好的样子？老子给人们的忠告是既要远离外在的风险，也要克制内在的贪欲。"善摄生者无死地"蕴含着最高明的生存哲学。

> **《道德经》第51章**
> 道生之，德畜之，物形之，势广之。是以万物莫不尊道而贵德。道之尊，德之贵，夫莫之命而常自然。
> 故道生之，德畜之；长之育之；亭之毒之；养之覆之。
> 生而不有，为而不恃，长而不宰，是谓"玄德"。

遵循规律，才能好运不断

雷军在创办小米之前，在金山软件工作了近16年，他不仅聪明而且勤奋，经常和同事工作到半夜，所以被业界称为"中关村劳模"。2007年，金山软件在香港证券交易所上市，上市前一年，它的营业收入只有3000多万元，净利润不足1000万元，总市值也仅有几十亿港元，和当时的阿里巴巴等互联网企业相比，差距甚远。

上市给雷军带来的不是成功的喜悦，上市只是一个"交代"——干了这么多年，总算做成了一家上市企业。他对这么多年付出所得的回报是不满意的，觉得自己的聪明和勤奋都不差，企业为什么一直做不大？

在小米成功以后，雷军对媒体披露了自己的反思。他认为，当年没有把聪明和勤奋用对地方，做事业没有顺势而道产生它，德畜养它，事物呈现出它的形象，趋势使它成长发展。所以，万事万物没有不尊崇道且珍视德的。道之所以受尊崇，德之所以被珍视，在于它们从不发号施令，而是顺其自然。

所以，道生成万物，德畜养万物；使万物生长繁育；让万物安宁坚定；给万物爱养调护。

生成万物却不据为己有，兴作万物却不自持己能，长养万物却不作为主宰，这就是最极致的德。

为。在认识到这一点以后，他成立了一家投资机构叫"顺为资本"，专注在移动互联网这个大赛道中做投资，开始积累对移动互联网行业的认知和经验。

2010年，雷军再次创业，成立了小米，以必胜的信心开始做智能手机，牢牢地把握住了移动互联网大势中最核心的潮流和风口。对比前16年在金山软件的经历，他感慨万千。

如果说智能手机是风口，那么当年站在风口上的企业可不止小米一家，当时的联想、华为、酷派等很多品牌都推出了自己的智能手机，联想还一度占据了国内智能手机品牌市场份额第一的位置。但为什么大风起来后，有一些品牌飞起来了，有一些品牌被大风刮得无影无踪了呢？

很多企业家都想追求远大的目标，雷军在大学时代看完《硅谷之火》后，也梦想做一家伟大的企业。但如果不掌握事物发展的规律，仅凭着一腔热血和勤奋努力，就算再加上几分机遇和运气，也很难取得能称得上"伟大"的成就。

老子在《道德经》第51章中，阐述了事物从无到有、从小到大的发展规律，他说："道生之，德畜之，物形之，势成之。"这句话的意思是，一切事物都是由道而生的，符合道的规律就能慢慢蓄积力量，然后会呈现出自己的形态，最后能发展成什么规模，取决于大势。

反过来看，如果没有"势"就很难"成"，但如果"形"不对，也就难以借到"势"。"形"是"道"的外显，形态好坏取决于对"道"的理解和坚守。

日本电影《山里的来信》里有一句台词："最重要的是形态，它代表了灵魂的外观。"中国老话也说"相由心生"。灵魂和心是虚无缥缈的，就和"道"一样，是形而上的存在，但它们最后都会通过具体的事物呈现出自己的形态。

产品即人品。一家企业的产品和服务，以及呈现在客户面前的品牌形象、员工状态是有形的，但这些有形的东西，取决于这家企业领导者的经营管理之道。雷军在再次创业的过程中，总结出了"专注、极致、口碑、快"的经营理念七字诀，并把这种经营理念体现在一系列产品和服务上。

小米手机投放市场后，一方面抓住了智能手机市场高速增长的大趋势，另一方面形成了客户变"粉丝"的良性循环小趋势，这两种趋势合在一起，让小米用短短几年就成了移动互联网行业的巨头。然而，很多智能手机的先行者，却在波澜壮阔的大趋势中消失了。

外部环境的大趋势由时代决定，企业内部的小趋势由自己确定，只有内外趋势一致，企业才能乘势而上。如果内部趋势与外部趋势相悖，企业就会被大趋势的巨浪拍碎。领导者最重要的事情就是认清大趋势，把握住小趋势，而要做好这两件事，领导者就必须放下傲慢与自大，尊重规律，坚守价值。这就是领导者的"尊道"和"贵德"。

> 《道德经》第52章
>
> 天下有始,以为天下母。既得其母,以知其子;既知其子,复守其母,没身不殆。
> 塞其兑,闭其门,终身不勤。开其兑,济其事,终身不救。
> 见小曰明,守柔曰强。用其光,复归其明,无遗身殃;是为袭常。

让内心的原力觉醒

《星球大战》是始于1977年的系列电影,影片中,最令人印象深刻的是绝地武士和他们掌握的"原力"。这是一种无处不在的神秘力量,有着凝聚整个星系的能量。现实生活中是否有"原力"?是否有那种可以由内心呼唤调取出来,从而改变世界的力量?

到底是"心随境转"还是"境随心转"?或者,是人的内心随着外部环境改变,还是环境随着人的内心状态而改变?

"心随境转"的人是"给点儿阳光就灿烂,遇上阴霾就抑郁,有点儿成绩就嘚瑟,碰见挫折就悲催"。人的情绪和想法都被所处的环境所定义,随波逐流,无法自拔。

"境随心转"的人则恰恰相反:相信"我命由我不由

第六篇 德行决定命运的终局 // 211

宇宙是有开始的,那是天地万物的母体和根本。如果了解了根本,就能认知万物;如果认知了万物,又能重新持守根本,就永远不会陷入危机。

塞住那个孔窍,关闭那个门径,终生不会有劳扰。打开那个孔窍,忙于那些事欲,则一辈子不可救药。

能洞察精微的叫"明",能持守柔弱的叫"强"。用真理之光,重新照亮内在的智慧,不留下身陷灾殃的隐患。这才是应该学习的常道。

天""给我一个支点,我就能撬起地球"。有这种心态的人,心力极强,能影响周围的人,从而改变所处的环境。

能改变世界的内心力量,其实就是某种"原力"。苹果创始人乔布斯曾说:"活着,就是为了改变世界!"和他一起工作过的人都知道他的"现实扭曲力场"。软件设计师特里布尔说:"有他在的时候,现实都是可塑的。他能让任何人相信几乎任何事情。也正是这种力场让他可以真正地改变世界。"

"现实扭曲力场"这个词来自科幻电影《星际迷航》,特指外星人通过精神力量建造了新世界。

不要简单地认为"只要内心的想法足够强烈,就能改变现实",因为内心的想法有好有坏,就像《星球大战》中的原力，分为光明原力和黑暗原力。内心的贪欲、嫉妒、憎恨越强烈，人越容易毁灭自己。

乔布斯的"现实扭曲力场"来自强烈的内在察觉，他在一次演讲中说："最重要的是，勇敢地去追随自己的心灵和直觉，只有自己的心灵和直觉才知道你的真实想法，其他一切都是次要的。"

问题是，如何区分自己是在倾听内心的召唤，还是在被欲望牵着鼻子走？要搞明白这个问题，就要知道欲望是如何产生的。

印度哲学家克里希那穆提认为，欲望是在觉知或者观看、接触、感觉后产生的。比如，你先看到一辆车，然后有了接触，最后才产生拥有这辆车、开这辆车的欲望。

人感官受到的外界刺激越多，产生的想法就越多，欲望就会越复杂和强烈。反之，人的内在察觉就会越粗粝，心灵和直觉就越不容易被外界的刺激左右。

现代人一天所接触的信息量，相当于古代人一辈子所接触的。加利福尼亚大学圣迭戈分校的一项研究表明，一个美国人每天从互联网、电视和其他媒体获取大约含10万个单词的信息量，相当于大脑每秒处理23个单词。

当人们被海量信息淹没，就会把欲望当作召唤，把感官的满足当作生活的充实——人们无法做出真正的深度思考，更无法倾听心灵的声音，就像失去了原力的绝地武士。这就是老子说的"开其兑，济其事，终身不救"。

唯一的办法，就是关掉你的"信息接收器"，回归内在察觉。在人的心灵深处有些东西和宇宙真理是相通的，只有让自己的心灵敏锐、鲜活起来，才能让"原力"觉醒。这就是"塞其兑，闭其门，终身不勤"的真相。

> //《道德经》第53章
>
> 使我介然有知，行于大道，唯施是畏。
> 大道甚夷，而人好径。朝甚除，田甚芜，仓甚虚；服文彩，带利剑，厌饮食，财货有余；是为盗夸。非道也哉！

不走捷径，赚"好利润"

做企业的目的是什么？对于大部分人来说，就是"赚钱"。曾有一段时间，美国的管理学界也把"追求股东利益最大化"作为企业存在的目的。

我身边的很多企业家朋友，之所以选择下海创业，就是因为当年太穷了。当时他们创业是为了改善生活条件，于是，赚钱也就成了衡量成功的唯一标准。但是有些人和企业，堂而皇之没有底线地赚钱——赚黑心钱。

比如2008年的"奶粉事件"。三鹿为了提高蛋白质检测值，在婴幼儿配方奶粉中加入了会使人的肾功能受损的三聚氰胺，导致大量婴幼儿患病甚至死亡。原国家质检总局深入调查发现，不光是三鹿这么干，一大批知名奶制品企业也这么干。

倘使我稍有一点儿知识，就要行走在大道上，把逶迤之路视作畏途。

大路相当平坦，但人们却喜欢捷径；早起工作的习惯废除了，农田也撂荒了，粮仓相当空虚；可人们依然穿着华彩的衣服，佩戴着炫目的利剑，吃腻了豪华的盛筵，而且还积攒了很多钱。这其实是盗魁祸首，根本就不是正道啊！

这样的钱该赚吗？作为消费者的你当然会说："不该赚！赚这种钱的人会遭报应！"但当年这些企业的管理者可能说："当然该赚，如果我不赚这个钱，企业就活得不好。就算我不赚，别人也会赚！"

再举一个例子。我有一位环保行业的朋友，他看到政府每年都会有环保相关的专项补贴，于是就聘请了一位副总，专门负责申请政府补贴，光这一项每年可以多赚几百万，完全合理合法。

那么，这样的钱该赚吗？我总觉得不该赚！因为"钱"应该有好、坏之分，一个体面的人，应该赚"好钱"，而不要去赚"坏钱"。

生产含三聚氰胺的奶粉是"谋财害命"式赚钱，销售祸害老年人的保健品是"坑蒙拐骗"式赚钱,除此,还有"以次充好"式、"缺斤短两"式、"钻政策空子"式赚钱……采用这些方式赚到的钱其实都是"坏钱"。

有些老板(我实在无法称呼他们为"企业家")对这个话题还有争议,他们的理由往往是:"企业不这样做,明天就会死掉!"这样的企业死掉也好,可以少祸害社会。

有很多人,摆在面前的正道不肯走,好像不走歪门邪道,就不会走路了。

显而易见的事实是,世界上好企业都在走正道,走捷径和邪路的企业最终的结果都不太好——毛孔里流着脏血的资本,早晚会被自己的脏血毒死,只有流着洁净之血的资本,才能活得好、活得久。

美国科氏工业集团(简称科氏)成立于1918年,现任CEO查尔斯·科赫是科氏的第二代领导人,他接管科氏40多年以来,坚持的经营之道就是追求"好利润"(Good Profit)。

在查尔斯·科赫心中,"好利润"来源于"有原则的企业家精神":运用更少资源,为客户创造卓越价值,而且时时刻刻遵守法规、诚实正直。他认为,"好利润"来自对社会所做的贡献,而非来自政府的政策保护、补贴等。

科氏对"好利润"非常坚持,它不赚取高价,不接受政府补贴,甚至不上市——不通过资本市场增加自己的财富。

坚持"好利润"的结果如何？2019年，科氏收入超过1000亿美元，是美国第二大非上市公司。查尔斯·科赫的个人财富高达505亿美元，在2019年福布斯全球富豪榜中排名第11位。

其实，不论领导企业还是领导社会，不论是管理自己还是管理他人，想获得长久成功的"唯一捷径"就是"不走捷径"。老子写《道德经》第53章的目的，就是提醒世人：大道是坦途，捷径多陷阱，一味地追求私欲的满足，不问是非只问成败，那是偷盗和强盗之举，而非正道。

老子这是在大声疾呼。他看到，有很多人什么花言巧语都肯相信，就是不相信真理；有很多人什么歪门邪道都敢试，就是不愿走坦途大道。

可是他大声疾呼了2000多年，也没几个人听。其实老子也知道，人性就是如此，否则他不会说"大道甚夷，而人好径"，这就是人性！不承认这一点，就无法重新走回大道。

> **《道德经》第54章**
>
> 善建者不拔，善抱者不脱，子孙以祭祀不辍。
> 修之于身，其德乃真；修之于家，其德乃余；修之于乡，其德乃长；修之于邦，其德乃丰；修之于天下，其德乃普。
> 故以身观身，以家观家，以乡观乡，以邦观邦，以天下观天下。吾何以知天下然哉？以此。

德行的结果不会骗人

儒家和老子虽然在很多问题上有分歧，但在一点上是有共识的，即提升领导力必须从修身开始。

儒家经典《礼记·大学》中讲，领导者先要修身，然后才能齐家、治国、平天下。老子则认为，领导者的德行要从自身修起，修身有了余裕，才能修家、修乡、修邦国、修天下。

所谓修身，是由内至外地提升自己，不仅要把身体修好，还要把心灵和头脑修好。对于领导者来说，个人是事业和组织的根基，而内在认知和状态，是个人的根基。

现代领导力发展理论中，有一个"我是-我做-我有"（Being-Do-Have）模型，"我是"（Being）是一个人的状态，"我做"（Do）是一个人的行为，"我有"（Have）是一个人的

（"德"不在知而在于行。）善于建树的，无法拔除；善于抱持的，无法摆脱；如果你真的有德行，那你的家族定会连绵不绝、子孙祭祀不断。

　　能够修身了，德行才算真实；能够齐家了，德行才算富余；能够治乡了，德行才算绵长；能够安邦了，德行才算丰盛；能够平天下，德行才算广大。

　　看一个人的样子就知道这个人的德行；看一个家的样子就知道这家人的德行；看一个乡的样子就知道这个乡的德行；看一个邦的样子就知道这个邦的德行；看天下的样子就知道这个时代的德行。我为什么能知道天下的事情呢？就是会运用这个视角啊！

成果。模型的意思是：你是一个什么样的人，就会干出什么样的事儿，就会有什么样的结果。

　　美国领导力专家史蒂芬·科维和托尼·罗宾逊，根据这个模型，把人分为赢家、输家和劳家，并指出了这三类人在状态、行为和结果上的区别。

　　赢家的思维方式是"我是－我做－我有"：我可以决定我是一个什么样的人，有什么样的想法和态度，我按我的想法和态度为人处世，就会得到相应的结果，所以，想改变我所有的，就必须先改变我所想的。

　　输家的思维方式是"我有－我做－我是"：只有拥有更多的条件和资源，我才能做事情，然后我才会成功，而命运对我不公平，啥也没有给我，让我输在起跑线上，所以我才一事无成。

劳家的思维方式是"我做－我有－我是"：我努力工作和学习，就会拥有更多，而一旦我拥有更多，我就会成为我想成为的人。这是一种脚踏实地、勤勤恳恳的态度，这样的人明白一分耕耘一分收获，可得衣食无忧，但未必能成为优秀的领导者。

在创业圈里有一句很流行的话是这样说的："你永远赚不到你认知之外的钱。"一个人的认知就是他的一部分，就是他的"Being"。但是，"Being"不仅是认知，它是一个人存在的总和，还包括他的修养、态度、健康、性格等。

罗曼·罗兰说过：性格决定际遇，如果你保持你的性格，那么，你就无权拒绝你的际遇。罗曼·罗兰之所以这么认为，是因为很多人的决定是基于自己的性格，而所谓的命运，只是大大小小的决定的堆积，一个人会做出什么样的决定，取决于他是一个什么样的人。

圣人畏因，凡夫畏果。"我是－我做－我有"模型就包含了人生的因果。很多人患得患失，但一点儿也不肯改变自己的行为，更不肯改变自己的态度和认知。一个不肯改变自己的人，却想获得不同的未来，这不就是做白日梦吗？

美国教练兰斯先生曾告诉我："要成为更好的领导者，首先要成为更好的人。"在看到了很多企业家的经历之后，我更加确信这一点。一个人，如果处理不好与自己的关系，缺乏自律，遇到挫折不自省，他的事业就会处于一种失控状态，要么会碰到无法突破的瓶颈，要么会遇到某种危机。

老子在《道德经》第54章讲的是，评判一个人的德行，不能看他怎么说，而要看他活成什么样子，他生命的点点滴滴都会展现出他真实的德行；他能够成为怎么样的领导者，取决于他真实的德行可以成长到什么程度，可以影响多大的范围。

德行来自遵道而行，来自依据天地间最本质的规律做人做事。看一个人活得怎么样，就知道这个人德行如何；看一家企业的管理水平，就知道这家企业的领导者德行如何；看一个城市或国家的文明程度，就知道这里的民众和治理者德行如何。

口号喊得再响，理论搞得再漂亮，都没用。以身观身，以家观家，以企业观企业，以天下观天下，一个人、一个家庭、一个企业、一个国家所呈现的真实的样子，就来自其德行。

· 第七篇 ·

谦卑是领导力的基石

> 《道德经》第55章
>
> 含德之厚,比于赤子。蜂虿虺蛇不螫,攫鸟猛兽不搏。骨弱筋柔而握固。未知牝牡之合而朘作,精之至也。终日号而不嗄,和之至也。
>
> 知和曰常,知常曰明。益生曰祥。心使气曰强。物壮则老,谓之不道,不道早已。

向德行饱满的孩子学习

"德高望重"这个词,通常用来形容有威望的长者,但这里有一个问题——我们身边真正能配得上"德高"二字的人,大多是孩子,尤其是婴儿。

老子多次提到过婴儿的德行,"专气致柔,能如婴儿乎""我独泊兮,其未兆,如婴儿之未孩""常德不离,复归于婴儿""含德之厚,比于赤子"。

世界上很多事物都如同爱情,最好的样子就是最初的样子。

任何事物在簇新的时候状态都好,但时间长了,人们就会漫不经心、不好好维护,事物就会破败不堪。管理一栋房子、一家工厂,都是这样。这符合"熵增"定律,万物都从有序走向无序。人生亦如此,一旦出生,就走向死亡。

> 含德深厚的人，比得上刚出产道的婴儿。蜂蝎毒蛇不会蜇咬他，凶禽猛兽不会攻击他。他筋骨柔软，小拳头却紧握有力。他不知男女交合之事，小生殖器却总是勃起，因为这时候他的精气最充足。他整日哭号，嗓音却从不沙哑，因为这时候他的元气最淳和。
> 知晓淳和之道的叫作"常"，知晓"常"的叫作"明"。贪生纵欲就会有灾殃。心机主使和气那是逞强。过分强壮就趋于衰老，因为这不合于道，不合于道很快就会死亡。

婴儿刚出生时，浑身通红，这是"出厂模式"，所有配置都是原装的，肉体和精神都是全新的、洁净的，没有任何损耗。

老子认为，所有事物越贴近自然规律越有德，越偏离自然规律越失德，婴儿完全是自然规律的产物，刚刚离开母体时，离自然规律最近，所以德行最为充沛。

老子在《道德经》第 55 章中就描述了这种德行的状态。他说，婴儿筋骨柔软但握力充足，没有性欲却时常勃起，天天哭号却从不沙哑。老子还赞叹婴儿之德的神圣护佑，他说"蜂蝎虺蛇不蜇，攫鸟猛兽不搏"，意思是，连平时最喜欢伤人的蜂蝎毒蛇、凶禽猛兽都很少伤害婴儿。

在历史记载中，有不少被丢弃在旷野中的婴儿，野兽不仅不吃他,还叼回去养大,世界上已知的由狼哺育的幼童就有10多位,其中最著名的是1920年在印度一个叫米德纳波尔小城发现的两位狼孩。而在更古老的传说中,罗马建城者罗穆路斯也是被母狼养大的。

在第55章中,老子还提出了"精"与"和"这两个概念,"精之至"与"和之至"是人内在精神的最初且最高状态,从没被污染,也无任何衰减。如果能守住这种状态,或在自我修炼中回归这种状态,就会生出厚德,会如婴儿般神圣、健康。

此外,老子也说了败坏"精"与"和"的行为。第一是贪生纵欲,第二是好胜逞强,追求权势、地位和优渥的生活条件,这最耗人的"精和之气",追得越起劲,越损害健康,甚至会带来厄运。

成年人总觉得自己应该"教育"孩子,但我们真正应该做的,却是从孩子身上学习。

孩子可以无理由地开心,容易感到满足,也容易原谅伤害过自己的人;孩子直觉敏锐,有强烈的同理心;孩子真正关心他人,会表现出诚实的善良和同情;孩子精力充沛,玩儿的时候似乎永不知疲倦,但累了时说睡就睡,睡觉质量还出奇地好……这些品质成年人能有几成?

孩子的品质其实是德行的外化。领导者如果能够向孩子学习,尤其是在以下三个方面,将会极大地提升自己的领导力和工作成效。

一是专注。孩子做事时很容易全身心投入，吃东西的时候就专注地吃，玩的时候就专注地玩，睡觉的时候啥都不想，没成年人那么多的牵挂和烦恼。领导者如果能学习到这种专注，可以大幅度提高工作效率，甚至能获得沉浸于工作之中的心流体验。

二是诚实。孩子从不掩盖自己的观点和察觉，也不担心说错话，他对人对己一样诚实，像镜子一样把看见的东西投射出来。对领导者而言，诚实是最重要的品质，诚实才能看见真实，而智慧全在真实之中——欺人者只是在自欺，失去真实、诚实的领导者，最终会饱尝苦果。

三是谦虚。孩子总是知之为知之，不知为不知，能不带成见和评判地接纳一切，喜欢向一切比他们强的人请教和学习，绝对没有心理负担。而且，孩子的谦虚很真实，谦虚不是他们的优点，而是本能。

请注意，"向孩子学习"，是希望领导者能成为既具有成年人的学识和经验，又具有孩子的纯良美德的人。千万别做只有孩子的学识和经验以及一身成年人坏毛病的领导者。

> 《道德经》第56章
>
> 知者不言，言者不知。
> 塞其兑，闭其门，挫其锐，解其纷，和其光，同其尘，是谓"玄同"。故不可得而亲，不可得而疏；不可得而利，不可得而害；不可得而贵，不可得而贱。故为天下贵。

"傻瓜"往往一秒见本质

福耀玻璃的创始人曹德旺在一次采访中，聊起了一位僧人请他喝茶的事。当僧人说要拿出珍藏的好茶招待他时，他认为僧人的修为不高，理由是茶叶本无好坏，是人的"分别心"把它分出好坏——僧人一开口，便暴露了分别心。

茶叶就是长在树上的叶子，两片不同品种的叶子在一起，哪知道互相鄙视？世上的其他物件皆是如此，都是人们的需求和评判，让它们有了高低贵贱。在飞禽走兽眼中，钻石和鹅卵石没什么区别。

去除"分别心"是佛家修行的要义。人生之所以痛苦，是因为有比较，这个想要，那个不想要，要到的还想要，要不到便烦恼，"贪嗔痴"由此生了出来。

如果能修掉"分别心"，眼中众生平等，内心了无牵挂，

> 有智慧的人言辞不多，滔滔不绝者多无智慧。
>
> 塞住感官的孔窍，关闭欲念的大门，抑挫自我的锋锐，消解内心的纷扰，让自己和阳光融为一体，把自己混同在尘埃之中。这，就是玄妙齐同的境界。因此，万事万物的得失，不再分亲疏，不再分利害，不再分贵贱。这才是天下最珍贵的品质。

离成佛就不远了。

也许你会说："打住！我可是一位企业领导者，每天最有价值的工作就是分别轻重缓急，权衡利弊，做出正确的决策，我可不能太'佛系'！"

这话一点儿没错，但要知道，越是在做重大决策时，人们越会患得患失、犹豫不决，这时候，人们就需要有一种把自己置身事外的能力。

旁观者清，当局者迷。当局者通常是最大的利益相关者，得失心重，牵挂太多，哪儿还有心情去看清事物的本质？

微信之父张晓龙说过，产品经理要有"傻瓜心态"。所谓"傻瓜心态"，就是跳出自己的经验和认知，放下固执己见的专家角色，放下患得患失的企业家角色，把自己变成一个完全外行的"小白"，或变成一个最普通的消费者，从这样的角度看问题，才能抓住问题的本质，然后，再切换回专家和企业家的角色，用自己的专业能力去解决所看到的本质问题。

张晓龙曾说："我要经过5~10分钟的酝酿才能达到傻瓜状态，马化腾需要1分钟，功力最深的是乔布斯，传说他能在'专家'和'傻瓜'之间随意切换，来去自如……"

"傻瓜心态"也是一种超级稳定的心态，既不受外界环境的影响，也不受内在情绪的干扰。

一位做量化交易的投资人士曾告诉我，他最大的困扰就是在行情剧烈波动时，不能像"傻瓜"一样执行自己的操作纪律："我真恨不得自己那时候是个没有情感、不会思考的机器人，按照定好的规则做就行了！"他明白这个道理，但每次都把持不住。

大智若愚的"愚"，既不是揣着明白装糊涂，也不是不辨是非，而是"如如不动，了了分明"的大智慧。

令人欣慰的是，这种智慧并非人与生俱来的，它完全能被培养出来并自我发展。老子在《道德经》第56章中说得很明确，真正的智慧不是多听、多看、多说，而是关掉感官、屏蔽欲望——不听、不看、不说，完全回归内在。

"感觉"和"感受"的区别在于，前者是对外界刺激的物理反应，需要依靠眼、耳、鼻、舌等遍布神经元的器官（感官）；后者是内在的、超物质的，需要用内心和灵魂去接受。有时候，感觉越灵敏，感受反而越迟钝。

如果能切断感官对外界欲望刺激的依赖，人们就会少很多"分别心"，脾气就会慢慢平和，既不去评判（Judge）别人，也不活在别人的评判之中。这样，心中的纷争、烦忧也会慢慢消解，对世界的觉察也能鲜活起来。

心置一处，才能体会到"和光同尘"——仿佛与阳光下的尘埃一起飞舞，如阳光般鲜亮，又如尘埃般卑微；仿佛与世界融为一体，分不清彼此，"我即世界，世界即我"，内心与宇宙时空、大道真理的玄妙齐同。

这时，再看万事万物，哪还有什么亲疏、高低、贵贱、利害？一切都简简单单、明明白白地摆在那里，看什么都是一秒见本质。

> 《道德经》第57章
>
> 以正治国,以奇用兵,以无事取天下。吾何以知其然?以此:天下多忌讳,而民弥贫;人多利器,国家滋昏;人多伎巧,奇物滋起;法令滋彰,盗贼多有。
> 故圣人云:我无为,而民自化;我好静,而民自正;我无事,而民自富;我无欲,而民自朴。

别把经营和管理的重点弄反了

中文和日文里很多词语的意思一样,但两国的词语使用习惯不同。比如"经营"和"管理",日本的企业领导者多被称为"经营者",而中国更习惯称之为"管理者"。也许是缺什么喊什么,日本企业通常把管理做得很扎实,但经营不够灵活,很多中国企业则相反,善经营却弱管理。

经营和管理是企业运营的两大核心,前者以市场为导向,追求收入、利润和客户满意;后者注重搭班子、带队伍、建流程,追求组织效能最大化。

一个优秀的领导者要既能"打天下"又能"治天下",阿里巴巴称这种能力为"雌雄同体"。

一个人要同时拥有这两种不同的能力,实属不易。

做经营的人,要有敏锐的市场嗅觉,喜欢创新和冒险,

> 以中正规范来治理国家，以出奇制胜来指挥战争，以不搅扰人民的方式来掌握天下。我怎么知道是这样的？从下面这些事就能看出来。
>
> 天下的管制禁忌越多，百姓越容易陷于贫困；人间的利器越多，国家越可能滋生昏乱；人们的机诈智巧越多，奇闻怪事就越会连连发生；法令越是繁杂和严苛，盗贼反而会越多。
>
> 所以有道的圣人说：我无为，人民就会自我发展；我好静，人民自然会走上正道；我不折腾，人民自然就会富足；我无欲望，人民自然就会朴实。

追求出奇制胜的效果，典型者如《亮剑》中的李云龙。做管理的人，要有细心和耐心，既要坚持原则、逻辑严密，又要关怀团队的发展和成长，典型者如《亮剑》中的赵刚。

在发展的不同阶段，企业经营和管理的侧重点有所不同。

处于初创期的企业求生存，全力以赴做经营，不需要多少管理；处于发展期的企业遇到的瓶颈，很多是因为管理拖了后腿而产生的，要补课；处于成熟期的企业往往管理做得有板有眼，规矩繁多，内部关系错综复杂，甚至官僚主义盛行——如果不让重心回到经营上，便会逐渐步入衰退期。

古代的谋略之术讲究"奇正之变"，《孙子兵法》里也说：

"奇正之变，不可胜穷也。"意思是，这两者的组合，能产生无数种谋略。

运用到企业实践中，我们可以把"奇正之变"理解为：经营要"奇"，要不断打破常规、创新求变；管理要"正"，要坚守正道、原则和规范，不瞎折腾。

如果领导者把"奇"和"正"弄反了，经营上畏首畏尾、害怕变化，管理上却朝令夕改、奇招不断，那企业就前途堪忧了。

"奇正之变"在《孙子兵法》里的地位极高，可以说是兵法谋略的"源代码"，但到了老子这里，就成了地位低下的"术"，谈论"以正治国，以奇用兵"是为了引出"以无事取天下"，这才是老子的核心思想——要以"无事、无为、无欲"的"道"，来驾驭"奇正之变"的"术"。

不论是国家还是企业，其领导者最希望看到的是，人们能自发地积极向上，追求正直良善的品格，创造富足美好的生活。

但现实是，不管愿望有多美好，如果在具体做法上违背了一些关键原则，结果就会相去甚远。关键原则是什么？其实，老子已经说得很直白了。

领导者越是管得多、管得宽、管得细、管得严，管理制度越是精巧复杂，大家就越没有把事做好的动力，越创造不出价值，甚至偷奸耍滑、制造混乱。

领导者越是克制,降低自己的存在感,把空间留给大家,大家就越会积极地自我发展,走上正道。

在老子眼中,领导者与被领导者之间似乎存在着某种总量守恒的规律,两者的积极性、创造力和掌控力此消彼长。要想让别人发挥才智,领导者就要把自己的空间让出来。

> **《道德经》第58章**
>
> 其政闷闷,其民淳淳;其政察察,其民缺缺。
> 祸兮,福之所倚;福兮,祸之所伏。孰知其极?其无正。正复为奇,善复为妖。人之迷,其日固久。
> 是以圣人方而不割,廉而不刿,直而不肆,光而不耀。

领导力中的祸福与因果

一些企业家相信"运势",我认识的一些朋友,在面临重大决策而拿不准主意时,也总爱找个"大师"算一下。有位朋友更过分,不仅要给自己算,还要给企业的高管算,如果谁和他八字不合,或运程相克,那一定不会重用!

若算出了厄运,他一定要想办法化解。在他的办公室里总能看到一些造型奇特的饰物,据说都被"高人"加持过,价格不菲,具有神奇的能量和功效。

2020年,他的企业破产了,他自己还上了失信人名单。从无限风光的知名企业家突然变成被限制消费的失信人,这让他更相信人生无常——谁能一直保持好运气呢?

不过,在我看来,他的企业破产和运气没什么关系,而是因为偏离主业的投资过大,导致资金链断裂。

为政者清静无为，人民就淳朴厚道；为政者精明严苛，人民就狡黠刻薄。

灾祸啊，福泽依傍着它呢；福泽啊，里面潜伏着灾祸！谁知道它们的究竟？它们没有一个定准。正忽而转变成了邪，善忽而转变成了恶。人们迷惑，已经有很长时日了！

所以有道的领导者，方正而不割人，锐利而不伤人，直率而不放肆，光亮而不耀眼。

同样的结局，局中之人看到的是祸福无常，局外之人看到的是因果关系。

《菜根谭》里有一句话："蛾扑火，火焦蛾，莫谓祸生无本；果种花，花结果，须知福至有因。"意思是，飞蛾被火烧焦不是它运气不好，而是它贪恋火光；开花结果也不是因为运气好，而是一分耕耘一分收获。

哪有什么好运和坏运，祸端不是没有来由的，福报也并非没有原因。

有个一直被误解的成语叫"祸福相依"，它被错误地解释为：好事和坏事总是相伴相生的，福能变祸，祸也能变福。甚至有人用"塞翁失马"的故事来解释它。这个故事有它的积极意义，它劝人在处于顺境时谦虚谨慎，别太嘚瑟；在处于逆境时怀有希望，留点儿盼头儿。但"塞翁失马"这个故事中全是小概率事件，只会让人更加迷信运气。

一匹马跑丢了能带回一群马，这是小概率事件；儿子骑马把腿摔断了，因为断腿而躲过了兵役，这也是小概率事件。并且，故事中的价值观还出了问题：你家的马把别人家的马带回来，难道不该物归原主吗？塞外敌人入侵，儿子不去保家卫国，靠摔断了腿得以苟且偷生，很值得骄傲吗？

迷信运气，就会忘记因果；忘记因果，就会推脱责任。

"祸福相依"这个成语源自《道德经》第58章，但老子不是让领导者去相信运气，恰恰相反，他劝诫领导者不要被变化莫测的运气迷惑，而要承担起一个领导者应承担的责任！

在这一章中，老子开篇就讲到领导力的因果关系，"其政闷闷，其民淳淳；其政察察，其民缺缺"。这句话可以理解为，包容厚德的领导者，能带出诚实厚道的团队；严苛寡德的领导者，会带出自私自利的团队。

接下来，老子展示了世界的不确定性："福祸相依""正复为奇，善复为妖"，它们看上去你中有我、我中有你，而且在不停变化，谁也不知道最后会变成什么样，人们长久以来都被其迷惑，甚至产生了迷信。

在这章的最后，老子描述了一个领导者该有的样子，"方而不割，廉而不刿，直而不肆，光而不耀"，他不会伤害别人，不会让别人觉得尴尬或不舒服，甚至不会让人心生嫉妒或自卑。

老子想告诉领导者，事物的发展取决于因果，不要迷信运气。环境在不停变化，对一个领导者而言，靠运气不如靠自己，不断提升自己作为领导者的智慧和德行，是应对变化的唯一依靠。

一家企业发展得好不好，取决于创始人和其所带领的团队的价值观，和风水运势无关。真希望我那位朋友，能早点明白这个道理！

> 《道德经》第59章
>
> 治人事天,莫若啬。
> 夫唯啬,是谓早服;早服谓之重积德;重积德则无不克;无不克则莫知其极;莫知其极,可以有国;有国之母,可以长久;是谓深根固柢,长生久视之道。

像"守财奴"一样珍惜自己的信用

做企业的人大多有三种追求——做大、做强、做久。但是,大部分人的选择都具有时代局限性。当经济高增长时,大家往往都追求"做大"——跑马圈地、扩张规模最重要。在经济进入中速增长时代后,机会不像原来那么多,企业家转而想要"做强"。而当新冠疫情来临,经济低速增长甚至负增长时,再也没有人争论"先做大还是先做强"了,人们突然意识到"活下来"才最重要,企业"做久"才是真理。

从想着"做大""做强"到只求"活下去",真让人不适应。毕竟,"做大"这件事太过瘾,只要企业规模、行业排名上去了,各种荣誉、政策支持和优惠就会纷至沓来,钱好融了、地好拿了,连人才也好招了——最关键的是,面子上好看了,企业家在很多场合都能从边缘位置挪到核心位置。

> 治理人民，响应天道，最重要的莫过于做到"珍惜"。
>
> 只有做到珍惜，才是顺服大道；顺服大道才能不断地积累德行；不断地积累德行，就能在任何环境下都取得成功；能在任何环境下都取得成功，就没有发展的极限；没有发展的极限，就可以承担起治理邦国的责任；掌握了治理邦国的根本之道，邦国才能够长治久安。这就是根深蒂固、长生久视的道理。

如果过于贪恋"大"带来的虚荣和好处，企业就会走上一条"为大而大"的疯狂之路——在规模上先成为中国500强企业，再成为世界500强企业。

海航集团刚成为世界500强企业时，董事长陈峰立刻就提出了宏伟目标：未来5年，上升到世界500强企业的前50名至100名之间；未来10年，进入世界500强企业的第一方队，入列前10名。

这种胆子大胃口也大的企业，在经济向上、货币宽松的环境下也许能跑得很快，一旦外部环境发生变化，便很容易陷入困局，不要说"弃大求强"，就算只求"活下去"，也非常不容易。

其实"大、强、久"三者并不矛盾，但只有极少数企业能做到三者兼得。

在2019年《财富》杂志评选的世界500强企业榜单中有不少百年企业，其中不乏我们熟悉的企业，如杜邦、宝洁、雅培、百事、通用汽车、3M、通用电气、固特异轮胎，等等。这些企业大多数成立于19世纪，其中历史最悠久的是1802年创立的杜邦。

日本拥有全世界数量最多的百年企业，据统计，2013年有33 000多家，占世界百年企业数量的41%，其中也不乏"又大又强"的企业，比如人们熟悉的松下、日立、朝日啤酒、三得利、花王等，历经百年，它们依然在各自的领域拥有一定的市场领导地位。

这些长寿企业，在过去100年乃至更长的时间中，经历了两次世界大战、西班牙大流感、全球大萧条、美苏冷战，穿越了多个经济周期、政治周期、文化周期和技术周期，伴随人类从蒸汽机时代跨越到了移动互联网时代。

同时，这些企业还经历了几代甚至十几代领导者的更迭。经营管理的接力棒要跨越生命传递下去，想想就不容易。

其实，企业不管做大、做强还是做久，都是在做"经营"和"管理"，管理是针对内部员工的，经营是针对外部客户的——人才是组织的基础；客户是企业的上帝，是企业的天。

一家企业能把这两件事做对多久，就能活多久。能一直牢牢抓住做对这两件事的根本，就能一直好好地活下去。

具体怎么做呢？老子说，关键做好一个字，"啬"。他在《道德经》第59章说："治人事天，莫若啬。"

"啬"的甲骨文展现的是人收割粮食并存入谷仓的形象，满怀着丰收的喜悦和对劳动成果的珍惜。老子提出"啬"的概念，并非指在财物上的吝啬小气，而是指在精神能量上的蓄积，这是充储德行、深藏根基的方法。

一棵大树只有根基深，才能生命长久、枝叶茂盛，才能经得起狂风暴雨。但这样的树不会生长得很快，也不舍得早早地展现华美的外表，它们最重要的精力是往泥土的深处扎根，在不为人知的地方积攒功夫。

老子指出的"长生久视"之道，非常值得企业家借鉴。那么，企业想要发展长久，需要"啬"在什么地方？

有研究机构发布过一份针对日本814家长寿企业的调查报告，第一项调查内容是用一个汉字来形容对企业来说最重要的事，提到次数最多的汉字是"信"，接下来依次是"诚""继""心""真"；第二项调查内容是说出长寿企业的优势所在，有73.8%的企业认为是"信用"。

由此可见，"信用"就是企业长久发展的根基，是企业最重要的德行，是最值得收获、最需要珍惜的资产。无论是对内部员工，还是对外部的客户和合作伙伴，最要积攒、最不能浪费的,莫过于"信用"。

  珍惜自己的信用,珍惜客户和员工对企业的信任,才是企业发展的长久之道。企业只有立足长久,才能做强;立足做强,才能做大。如果反过来,为了追求做大,不惜拿企业的信用去冒险,不惜牺牲员工和客户对企业的信任,这样的企业就算做大了,也长久不了。

> **《道德经》第60章**
>
> 治大国,若烹小鲜。
> 以道莅天下,其鬼不神;非其鬼不神,其神不伤人;非其神不伤人,圣人亦不伤人。夫两不相伤,故德交归焉。

管住自己,不瞎折腾

"治大国,若烹小鲜"是《道德经》中的名句,看来,老子不仅是一位思想家,还是一位美食家。烹饪小鱼,不管是煮、煎、烤还是蒸,如果鱼肉散碎,则形色香味俱失。所以,整个过程一定要掌握好火候,尽量不要翻动,出锅入盘时也要小心翼翼。

但是,为什么要把"治大国"比喻成"烹小鲜"呢?比喻成"火爆腰花"就不行吗?

人们对这个比喻有几种看法。第一种看法是,做大事要掌握火候,对的事情要在对的时候干,时机不成熟不会成功;第二种看法是,管理要像烧菜一样做到五味调和,油盐酱醋等要恰到好处,不能多也不能少;第三种看法是,治理国家应该像煎小鱼一样举重若轻。

治理大国之道，就像烹饪小鱼一样，不要去来回翻动、搅扰。

用"道"来治理天下，鬼怪就失去了神通；不但鬼怪失去了神通，神灵也不妨碍人；不但神灵不妨碍人，圣人也不妨碍人。鬼神和圣人都不妨碍人，才能让德行交会并回归人们身上。

在老子那个年代，烹饪方法大多是烹和烤。汉初研究《诗经》的著作《毛诗诂训传》里说："烹鱼烦则碎，治民烦则散，知烹鱼则知治民。"意思是，煮小鱼时如果不耐烦地搅动，鱼肉就碎了；治理民众时如果喜欢折腾，人心就散了。这两件事情的道理是一样的。

老子一贯的政治主张是"无为而治""以无事取天下"，这是《道德经》中涉及领导和管理问题的基本假设。在老子看来，领导者只需做好一件事情，就是发现和遵循规律。所谓"顺其自然"，就是让事物按规律发展，不加人为的干扰和影响。

但有些领导者偏要藐视规律，在进行决策时，执着于个人的意志和权威，不相信科学，选择性地忽视真相和事实，听不得反对的声音。这样的领导者，让他烹小鱼，他不多翻几铲子怎么行？一点儿存在感都没有。翻碎了又如何？反正会有下属吃干净，还要说这不亚于米其林餐厅的水平呢。

纵观历史，很多有雄才大略的领袖，身后都是一片狼藉，他们耗尽了社会资源以实现个人的伟大抱负，却留给后人一个烂摊子。秦始皇、汉武帝、隋炀帝、唐明皇，这些都是在有生之年建立了伟大功绩的君王，但国家由盛转衰，也是从他们手里开始的。

真正优秀的领导者不应该执着于个人的功绩，而应该致力于建立合乎规律的制度，并捍卫制度的尊严。领导者干的事情应该是"修水渠"而不是"挑水"，应该是"造时钟"而不是"敲钟报时"。这两件事情，前者是依赖"人治"，后者是建立"法治"。

"水渠"修好了，"时钟"造好了，就可以提供稳定的"水源"和"报时服务"了，人们就不需要再对"挑水人"和"敲钟人"感恩戴德，并有更多的自由去做有意义的事情，去创造繁荣。

有一次，我与一位曾在中国科学院工作过多年的老前辈聊天，他说自己不管做什么工作，总会思考三个核心问题：国家如何更富强，民众如何更富裕，国民素质如何更高。这体现了一位老派知识分子的家国情怀。

我认为这三个问题的顺序应该倒过来：国民素质如何更

高，民众如何更富裕，国家如何更富强。

古希腊哲学家亚里士多德说过，政治关系到某种更高层面的事物，它关系到怎样去过一种好生活，其目的完全在于：使人们能够发展各自独特的人类能力和德行——能够慎议共同善，能够获得实际的判断，能够共享自治，能够关心作为整体的共同体的命运。

简而言之，政治的最高目的就是培养公民的德行。

在东方，早在亚里士多德出生前100多年，老子就提出：政治的目的是让德行回归民众身上。

老子没有说要"民富""国强"，而是说要让"德交归"，因为只有美好的德行回来了，才能实现长久的富足、强盛与和平。

另外，老子认为，德行并不需要培养，它是一种天赋本能，人们在婴儿时期就拥有饱满的德行，只是受后天的社会环境影响，把这种德行弄丢了；只要创造出合适的环境，德行就会重新交会、回归人们身上。

具体怎么做呢？答案是"以道莅天下"，就是让世界按照天道去运行，领导者只需要尊重和捍卫道，并且要管住自己，不要在道之外胡乱作为。任何干扰，不论是好的还是坏的，都会伤害和妨碍德行的回归。不去人为搅扰，顺应天道，让德行不受阻碍的回归，这就是无为而治的本质。

《道德经》第61章 //

大邦者下流，天下之牝，天下之交也。牝常以静胜牡，以静为下。

故大邦以下小邦，则取小邦；小邦以下大邦，则取大邦。故或下以取，或下而取。大邦不过欲兼畜人，小邦不过欲入事人。夫两者各得所欲，大者宜为下。

谦下，解决争端的良药

南怀瑾曾对儒、释、道三家做过一个比喻，他说，儒家是日常生活必需的粮食店，佛家是随时可去逛逛的百货公司，而道家是药店，不生病可以不去，生了病则非去不可。

《道德经》虽然只有5000多字，但包罗万象，上至宇宙起源，下至为人处世，也包括与国家治理相关的政治、军事、外交。只要认真品读，人类社会面临的各种问题和困扰，都能从中找到答案。

今天的世界无疑生病了。一方面是新冠病毒肆虐，吞噬了上百万人的生命；另一方面是"政治病毒"蔓延，破坏了国际社会的互信与合作，损害了国与国之间的外交关系。这两种病毒如果不加以遏制，都会对人类文明造成伤害，后者的破坏力甚至会更大。

> 大国要像江河下流而入的大海，处于天下雌柔的位置，是天下百川交汇的地方。雌柔常以静定胜过雄强，因为静定位处柔下。
> 所以大国对小国谦下，就可以汇聚小国；小国对大国谦下，就可以取信于大国。所以要么以谦下汇聚，要么以谦下取信。大国只不过想得到小国的拥戴，小国只不过想得到大国的好处。其实大国和小国都能实现各自的愿望，大国尤其应该谦下。

几千年过去了，与春秋战国时期相比，现代国家间的文化、种族、政治体制差异要大得多，老子的药方还管用吗？我们先看看老子的药方都写了什么。

人往高处走，水往低处流。在《道德经》第61章中，老子谈到了大国应具备的外交德行："大邦者下流，天下之牝，天下之交也。"请注意，这里的"下流"，并不是"要流氓"的意思，而是指河流下游的大海。

大海之所以能汇聚天下河流，就是因为地势最低、包容力最大。所以，真正的大国要有"海纳百川，有容乃大"的气度，能包容不同的文化、信仰和政治主张，能接纳多元化的价值观，允许不同的声音存在。一个国家越包容，越能汇聚天下的人才和资源，也就越能成其大。

1000多年前的唐朝,就是一个包容力极强的盛世王朝。在宗教方面,除了本土道教之外,佛教、伊斯兰教、祆教、摩尼教、景教(基督教的一个派别)也都允许自由传教。

再看唐朝对待外国人的态度,不仅吸引大量外国人来经商、留学和定居,还允许他们入朝做官。据记载,在唐朝做官的外国人先后有3000多人,其中不少人的官职级别相当于今天的省部级,甚至高丽人高仙芝曾任河西节度使,相当于手握重兵的战区总司令。

除了包容,大国更重要的是要有母性的雌柔和谦下,所以,老子用"天下之牝"来形容大国的外交定位,并指出"牝常以静胜牡"。

"牝"是指雌性动物,它们性格温柔、安静,有着母性的坚韧、慈爱和大度;"牡"是指雄性动物,它们性格刚毅、脾气躁动,控制不好就会好勇斗狠、喊打喊杀。

在处理外交问题时,好勇斗狠、喊打喊杀非常容易,难的是用以柔克刚的方式创造一个和平、合作的外部环境,这需要不计较、不争论、不逞一时之快。"牝常以静胜牡"说的就是用雌性的柔静之德,战胜雄性的狂躁。

老子认为,国际关系的本质是利益,大国需要小国的拥戴,小国需要大国的好处,只要保持"谦下"的外交原则,大家就能各取所需。而且,大国由于在国际关系中有主导作用,所以更应该成为"谦下原则"的维护者,做表率。

人类文明经历过无数次的国家冲突，近 100 年来就有两次世界大战和数以百计的局部战争，但回望历史，你会发现，所有主动挑起争端、发动侵略的国家，最后都以失败告终。

和平与合作才是健康的、可持续的外交关系的基础，解决争端最好的药方是"谦下"，只不过要用"时间"来当药引子。

> 《道德经》第62章
>
> 道者万物之奥。善人之宝，不善人之所保。
> 美言可以市，尊行可以加人，人之不善，何弃之有？故立天子，置三公，虽有拱璧以先驷马，不如坐进此道。
> 古之所以贵此道者何？不曰：求以得，有罪以免邪？故为天下贵。

从虚妄游戏中醒来

电影《非诚勿扰》中有一段搞笑戏，葛优饰演的秦奋在北海道一座小教堂里向牧师忏悔，他絮絮叨叨了一下午，牧师听得都累趴下了，最后崩溃地说："我们的教堂太小，容不下这么多罪孽，请到更大的教堂去吧！"

基督教认为"世人都犯了罪"，这个"罪"不仅是指人们干过的坏事，更是指人的原罪，是人类始祖亚当和夏娃违背上帝的命令，偷吃禁果而犯下的罪，那罪在他们的子孙中代代遗传，世人无一幸免。

什么果子有这么大的毒性？据记载，这个果子能让人眼睛光明，知道善恶，还能让人有智慧。这哪是毒果啊，简直就是开发大脑的仙果！

问题恰恰出在这里——人类有了智慧，就能对事物的道是万物的主宰。它是善人的珍宝，不善的人也可以被它拯救。

嘉美的言辞可以获得关注，尊贵的行为可以受人敬重，但人的不善（罪），何时摒弃干净过呢？所以，就算被立为天子，或身为太师、太傅和太保这三类高官，拥有象征财富地位的拱璧和四乘马车，都不如坐进大道里。

为什么古时候道都被如此重视？还不是因为在道里面，寻求的必能得着，有罪的也能得赦免吗？所以道才被天下人所珍视。

善、恶、好、坏进行比较，也就有了佛家讲的"分别心"，人类的贪婪、嫉妒、自私、傲慢、暴怒、懒惰也由此而生。

到底是"人性本善"还是"人性本恶"？西方的"人性本恶"建立在"原罪"的假设之上，而东方的观点似乎偏向于"人性本善"。

孟子认为人生来皆有恻隐之心、羞恶之心、恭敬之心、是非之心，这四心分别是仁、义、礼、智的开端，后人把孟子的观点总结为"人之初，性本善"。

老子有独特的善恶观，他认为人的自然属性趋向于堕落，从善走向恶、从有德走向失德是非常容易的，但是，最后是善还是恶，人可以依据大道的指引，做出自己的选择。遵循大道，就是善；背离大道，就是恶。

老子说"含德之厚,如婴儿乎"。刚出娘胎的婴儿离大道最近,德行最为充沛,善最大、恶最小;随着年龄的增长,人的见识越多,欲望就越多,与大道也就渐行渐远,德行渐渐枯竭,变得恶多善少。

人类社会也是如此,社会结构越简单、原始,问题就越少;随着文明的发展,人类的知识和智巧越来越多,所面临的问题也越来越多。

所以,老子苦口婆心地规劝人们要"弃智""绝学""抱朴""守拙""无事""无为",甚至建议人们重拾"结绳记事"的原始部落生活方式,这是让人类把吃进肚里的"智慧果"吐出来,回到亚当和夏娃还没被赶出伊甸园的时代,回到那个还没有"原罪"的上古时代。

可是,人类走得太远了,早已进入文明社会,享受了文明进步所带来的便利,要回到上古时代,谈何容易。这种因智慧而产生的"原罪",在老子看来还有救赎之道吗?他在《道德经》第62章中是这样说的:"道者万物之奥。善人之宝,不善人之所保……古之所以贵此道者何?不曰:求以得,有罪以免邪?"意思是,道是善者的珍宝,不善者的人也可以被它拯救。

老子认为人有善的根基,但也有不善的一面,道可以坚固善,也可以拯救不善。对于不善的罪人,大道不离不弃——救赎、赦免的机会永远存在,只是它等着人们从追求名望、财富和权力的虚妄游戏中醒来,向道迈出第一步。

人生没有比"坐进此道"更重要的追求了,连孔子都说:"朝闻道,夕死可矣。"意思是,如果早晨悟了道,就是当天晚上死了也心甘。世界上没有比道更尊贵的了,因为,道不仅是造物主和主宰者,还是永不离弃的拯救者。

> 《道德经》第63章
>
> 为无为,事无事,味无味。
> 大小多少,图难于其易,为大于其细;天下难事,必作于易,天下大事,必作于细。是以圣人终不为大,故能成其大。
> 夫轻诺必寡信,多易必多难。是以圣人犹难之,故终无难矣。

大事成于小事,难事成于细节

经营企业的人,大多喜欢做大事、做难事,但真正能把大事和难事做成的,却为数不多。

在经济环境好的时候,不管手头上的事业做得怎么样,大家的梦想都很大,就像小米创始人雷军所说的:"梦想总是要有的,万一实现了呢?"但在经济形势不好的时候,很多企业最大的梦想就是"活下去"。

2020年,我们都深刻地感受到经济环境在一步步变化。最开始,很多人都觉得清明节后经济就会逐步恢复,甚至还指望出现"报复性反弹"。但现在,普遍的共识是,未来几年日子都会比较艰难。

当外部环境发生巨变时,那些曾经梦想的大事、难事还能做成吗?

以无为的态度去作为，以不多事的方式去做事，以食材的原味为品味。

大生于小，多起于少；图谋难事，要从容易之事做起；成就大事，要从细微处入手；成天下的难事，必定要把易事做到位；成天下的大事，必定要把细节做到位。所以有智慧的领导者从来不自以为大，因此能成大事。

轻易承诺的人一定会失信，认为凡事都很容易的人，一定会遭遇很多困难。所以有智慧的领导者，会做好面对各种困难的准备，因此就没有什么事情能难倒他。

日本经济从 1992 年开始陷入衰退，到今天快 30 年过去了，日本经济总量止步不前，人均收入不升反降，房价和股价都下跌了六七成……就在这种大背景下，依然有不少企业逆势增长，从区域性的小企业，变成全球化的大企业。

比如，日本服装连锁品牌优衣库，在 1992 年，创始人柳井正的梦想还只是能有 100 家店铺，而 2020 年，其在全球有近 4000 家店铺，年销售额超过 2 万亿日元（相当于 1300 亿元人民币）。

2019 年，我和国内一家服装连锁企业的创始人去考察优衣库东京银座旗舰店，这家店铺有 12 层楼，每个楼层都有上千个单品，单店年销售额高达十几亿元人民币。

看完店铺后我问这位创始人："你自己的店一般有多少

个单品？又有多少种价格？""大概有几千个单品吧。具体有多少种价格，没算过。"他回答说。我又问："那你注意到优衣库这家店有多少种价格吗？""嗯，好像很少，应该不到20种。"这位企业家敏锐地关注到，优衣库在丰富的商品背后，把简单的事做到了极致。

之所以举这个例子，是想表达两个观点：第一，即使经济环境不好，也有做成大事、难事的可能性；第二，在新环境下，做事的方式要发生转变，要从追求高举高打式的扩张，变成追求对细节上的把控和改善。

20世纪最伟大的现代主义建筑大师密斯·凡德罗有两句名言，一是"少就是多"，二是"魔鬼存在于细节之中"。他认为，不管建筑设计方案如何恢宏大气，如果对细节的把握不到位，就会毁掉一个好作品。

当经济处于热潮期时，很多企业的成功主要靠胆量加实干，抓大放小、以量胜质，这叫粗放型经营。但当经济进入低迷期时，市场变得极其吝啬和挑剔，给企业留下的容错空间也极小，企业竞争的成败，取决于市场定位的精准度和管理的颗粒度，做不好细节，很难活下去。

经济周期本质上是一种筛选机制，能通过一次又一次筛选的企业，才可能成为大企业、好企业——实现梦想靠的不是"万一"，而是万里挑一。

现在很多企业家喜欢学华为、阿里巴巴，讲这两家企业的管理方法的培训师也很多，但其实，华为和阿里巴巴也是学了西方的管理方法，而这些管理方法大部分是公开的，就放在那里，谁都可以学，只是很少有企业能像华为、阿里巴巴一样，学得诚诚恳恳、认认真真，在细节处下足功夫。

成功是"果"，背后下的功夫才是"因"。大企业就像一棵大树，人们往往羡慕它繁茂的枝叶，却很少关注它在地下的根基。但根深才能叶茂，树冠有多高，树根就有多深，枝叶有多茂盛，根系就有多紧密。

扎根，是在黑暗中默默无闻地坚持、探索和挺进，付出了不为人知的苦功夫、笨功夫，而不是热热闹闹地敲锣打鼓、喊口号、"打鸡血"。

任正非在回顾华为的成长历程时说："没有哪一件事情是容易的，所幸我们都坚持下来了。奋斗没有终点，华为没有秘密，就一个字——'傻'！像阿甘一样，认准方向，朝着目标，傻干、傻付出、傻投入。"

大事的根在小事，难事的根在细节。势头好的时候，不管是树还是草，往往随便长长都能郁郁葱葱；势头不好的时候，根浅的纷纷枯萎，根深的才能存活。

这些道理，老子在《道德经》第 63 章中讲得很透彻。在经济困难时期，透彻地理解老子的这番话，就一定能找到战胜困难的智慧。

> **《道德经》第64章**
>
> 其安易持，其未兆易谋。其脆易泮，其微易散。为之于未有，治之于未乱。
> 合抱之木，生于毫末；九层之台，起于累土；千里之行，始于足下。
> 为者败之，执者失之。是以圣人无为故无败；无执故无失。
> 民之从事，常于几成而败之。慎终如始，则无败事。
> 是以圣人欲不欲，不贵难得之货；学不学，复众人之所过，以辅万物之自然而不敢为。

罗马是一砖一瓦建成的

2020年11月，埃隆·马斯克把4位宇航员送上了太空，但这一切对于他来说，只是向目标前进了一小步。

他的终极目标是让人类成为火星公民，任何有助于这个目标的事，不管难度多大，都要做；任何不利于这个目标的事，不管诱惑多大，都不做！

有人说，马斯克的全部业务都是为开拓火星而准备的：火箭是地球往返火星的交通工具；造电动汽车是因为火星上用不了燃油车；创建太阳能公司是为了解决火星城市的能源问题；研究地下交通和超级高铁是为了解决未来火星的长途交通问题；创建脑机接口技术公司则是为了提升人类未来在火星上的生存能力。可能他还会投资新的业务，但最终目标就是让火星宜居，让人类真正进入星际文明时代。

局面在安稳时容易持守，在还没有先兆时容易谋划；事物在脆弱时容易破裂，在微细时容易散失。要在事情没有发生前就有所作为，要在混乱没有出现前就治理妥当。

多人才能合抱的巨树，是从细小的萌芽长起来的；九层的高台，是由一筐筐土垒起来的；千里的远行，是从脚下一步步走出来的。

妄为的难免会失败，强求的反而会失去。因此，有智慧的领导者不妄为，所以不会失败；不强求，所以不会失去。

普通人做事情，经常在几乎要成功时失败。如果在事情将要结束时，还能像刚开始时那样小心谨慎，就不会失败了。

所以有智慧的领导者，追求"无欲"的境界，不会被贪图名利之心困扰；学习人们所不学的，从世人的过错中学习，以辅助一切事物按其自然规律发展，而不敢妄加作为。

马斯克做事的出发点和终极目的，没有一个是冲着"钱"去的，但如果这些都实现了，他的财富可能就不只是富可敌国了，而是"富可敌球"（地球的"球"）。

毫无疑问，马斯克在世俗意义上是成功的，但世俗的"成功学"无法解释这种成功，因为他超越了对金钱、名利的肤浅追求，专注于伟大梦想和事物的细微本质。

真正做大事的人，反而对细节非常关注，开拓太空、移民火星这种人类的大事，更是在任何细节上都不能马虎。

人类的航天事业告诉我们一个道理：梦想有多宏大，做事就要有多细致。所有大事的成功，都是由无数小事的正确积累而成，航天事业更是如此，"失之毫厘，差之千里"，任何一个小小的失误，都会导致惨痛的失败。

古人说"行百里者半九十"。航天事业行的是"百万里路",更要全程慎终如始。

1986年,美国挑战者号航天飞机升空仅73秒就发生爆炸,7名优秀的宇航员不幸殒命,事后发现,这只是因为一个小小的密封圈出了问题。导致失败的因素可能潜伏在任何一个环节,不能等问题出现了再去解决,而是要"治未病",防患于未然,把会导致失败的一切因素都消灭在萌芽之中。

航天事业的成功不能靠"人定胜天"的勇气和信心,更不能相信"拍胸脯""打包票"。在科学面前,人的情感往往是风险因素,人们必须严格地遵循客观规律,克制头脑发热的冲动和胡作非为。

马斯克涉及的领域跨度极大,他却都能取得巨大的成功,这得益于他的学习力。多年来,他的阅读量是常人的60倍,广泛涉猎不同的学科,而且能将不同学科的思想解构为基本原则,并以新的方式加以重构,将在一个领域里学习到的内容应用到另外一个领域,从而实现颠覆性创新。

世人都在追求成功,大多数人却走向失败,这是因为成功是反人性的。与"存天理"相对应的是"灭人欲",而所谓的"成功学"只会把人们变得更加急功近利、贪大嫌小、眼高手低、自我膨胀和肆意妄为,把人们带进失败的臭水沟。

马斯克的作为很契合老子的"守微"之德,《道德经》第64章是在告诉领导者:罗马不是一天建成的,罗马是一天一天、一砖一瓦建成的,只有超越世俗的欲望,拥有不寻常的耐心和细心,才能成就一番作为。

> **《道德经》第65章**
>
> 古之善为道者,非以明民,将以愚之。
> 民之难治,以其智多。故以智治国,国之贼;不以智治国,国之福。
> 知此两者亦稽式。常知稽式,是谓"玄德"。玄德深矣,远矣,与物反矣,然后乃至大顺。

愚直是成就大事的品质

很多人会把《道德经》和权谋之术联系在一起,其第65章更容易被误解,因为老子说"非以明民,将以愚之",很多人把这句话翻译成:不要开启民智,而要对老百姓实施愚民统治。

其实这里的"愚"并非"愚昧",而是"愚直",这是比"智巧"更有德行的品质。明代学者吕新吾在《呻吟语》中,把领导者的资质分为三等:深沉厚重是一等资质,磊落豪雄是二等资质,聪明才辩是三等资质。所谓的"深沉厚重"其实是愚直朴实、至真至善,而不是外表的庄重权威和内在的老谋深算。

电影《阿甘正传》的男主人公阿甘就是一位愚直之人,他的智商只有75分,在大多数人眼里就是一个傻瓜,但他古时候那些善于运用道的人，不是让人们聪明智巧，而是使人们淳朴愚直。

民众之所以难以治理，就是因为他们的智巧太多了。所以，以智巧治理国家，是国家的灾祸；不以智巧治理国家，是国家的福气。

认识到这两者的差别，就认识到了治国的法则。常守住这个法则，就是"玄德"。玄德深邃、悠远，永不停歇，它常与人们对事物的认识相反，却能让事物的运作永远顺畅。

凭着那股子执着的傻劲儿，做什么成什么，创造了幸福、充实的人生。

阿甘最爱说的一句话是："我妈妈说，要将上帝给你的恩赐发挥到极限。"虽然上帝给阿甘的恩赐唯独缺了"智商"，但这又有什么关系呢？只要他对所做的事情专注投入、全力以赴，他所取得的成果就会远远超过那些"聪明人"，这就是愚直的力量。

三百六十行，行行出状元。虽说选择比努力更重要，但如果不努力，选择得再好，结果也可能是失败。可是，如果像阿甘一样，努力把事事做到极致，即使选择不如人意，也能有所成就。

东京羽田机场有一位清洁工叫新津春子，17岁从沈阳来到日本，由于语言不通，只能做非常底层的清扫工作，而且一干就是20多年。但她沉得住气，一心想着"只要用心工作，总会有人说'辛苦了''好干净'之类的话，这就是对我的感谢"。

在日复一日的工作中，她的清洁技术日益精进，对各种材质的清洁方法了如指掌，参加"全日本楼房打扫技能竞赛"，还获得了第一名；她所工作的羽田机场，多年在"全球最干净的十大机场"中排名第一；她作为羽田机场清洁工的领头人，在2016年被评为日本"国宝级匠人"，在日本成了家喻户晓的人物。

人就像一粒种子，掉在哪里是"运"，长成什么样才是"命"。

杂草的种子掉在肥沃的土地里，长出来还是杂草；大树的种子就算掉进石头缝儿里，还是能长成大树。所谓"我命由我不由天"，是指人也许无法选择是落到肥沃的土地里还是落到石头缝儿里，但可以选择成为杂草还是大树，这就是哲学家康德所说的"自由意志"。

阿甘无法选择"智商"，却可以选择至真至纯地对待每一个人、每一件事；新津春子无法选择工作，但可以选择把所从事的工作做到世界第一。在这个世界上，大部分真正有所成就的人，靠的都不是聪明智巧，而是愚直精进。

聪明的人，总希望获得灵感，不断做出最佳选择；愚直的人很少做选择，可一旦做出选择，就会坚韧不拔地实干到底。这两种人就像龟兔赛跑中的乌龟和兔子，虽然兔子跑得更快，但结果是乌龟赢得了比赛。卓越的领导者懂得这个道理，他们不会重用那些喜欢空谈、耍小聪明的人。

如果领导者真正懂得聪明和愚直的本质，就不会迷恋"头脑游戏"和夸夸其谈，组织和社会也才能长久地顺畅运行下去。

《道德经》第65章就是在提醒领导者，应该如何避免组织的败坏，从而获得持久的成长。

> 《道德经》第66章
>
> 江海之所以能为百谷王者，以其善下之，故能为百谷王。是以圣人欲上民，必以言下之；欲先民，必以身后之。是以圣人处上而民不重，处前而民不害，是以天下乐推而不厌。以其不争，故天下莫能与之争。

谦逊才是王道

《道德经》第66章讲的是领导者的谦逊之道。任何一位想成为"王者"的人，都应该把这一章背下来，因为谦逊是领导者最重要的品格，也蕴藏着成就事业所需要的智慧。

冯仑曾和马云、牛根生、江南春等长江商学院的同学一起拜访过李嘉诚。那次经历让他念念不忘的，不是李嘉诚的财富和声望，而是他的谦卑和周到，这两者的反差越大，越体现出德行的分量。

在回忆那次经历时，冯仑感慨道："他让大家很舒服，不给大家创造压力，老先生就是因为做人周到、真诚，所以很多人到了香港地区，都愿意和他做生意。舒服，就是舒服！"

见到李嘉诚之前，他本以为是这样的见面情景：大家先在会客厅等李嘉诚出现；李嘉诚来了，大家主动上前递名片；

> 大江大海之所以能成为百川之王,是因为其处在低下的位置,能谦逊地接纳一切,只有这样,才能让百川汇聚。
> 因此,圣人想要成为民众的领导,就必须对民众言辞谦下;想要让民众追随,就必须把自身利益放在民众之后。如此一来,圣人虽居于上位,但民众不觉负重;圣人虽站在前列,但民众不受损害,所以天下都乐于推举他,而不是讨厌他。因为他不跟人争,所以天下没有人能和他争。

然后李嘉诚讲话,大家鼓掌,最后大家一起吃饭,李嘉诚坐主桌,吃两口表示一下后,借口很忙提前退场。

结果,这次见面与他想象中的完全不同,甚至成为他们在商学院学习期间最好的一课。

大家一出电梯门,就惊奇地发现李嘉诚已在电梯间迎候,并主动上前与大家一一握手、递名片。在大家接过名片后,工作人员让大家抓阄,确定随后吃饭和照相的位置,以免客人排座次时尴尬。

随后,大家鼓掌请李嘉诚讲话,他并无准备,大家不断邀请,盛情难却之下,他说:"如果一定要讲,我就讲一讲'创造自我,追求无我'这八个字,它们的意思是,一个人要通过发展事业来创造自我价值,但做人要追求无我,最好不要让别人感觉到自己的存在，给别人留够尊重和空间。"

这句话，李嘉诚先用普通话讲了一遍，后用粤语讲了一遍，发现现场还有外国人后，又用英语讲了一遍。

用餐时，李嘉诚为大家安排了4桌，1个小时的吃饭时间，他在每张桌坐15分钟，让每位客人都有机会和他交谈。用餐结束后，李嘉诚和大家逐一握手道别，还和旁边的服务员握手，并一直把大家送到楼下。

也许，只有像李嘉诚这样见识过人生的大江大海之人，才懂得什么是真正的谦逊。

当一个人真正谦逊时，他会放下自己的虚荣和私欲，真正关心他人的利益，给予他人允分的尊重和空间，这样的人，"天下乐推而不厌"，谁都喜欢与他合作，喜欢他的人越多，他所汇聚的资源和能量就越大，他也就越被拥戴。

当一个人真正谦逊时，他会放下对个人得失的计较，因为他不争，所以"天下莫能与之争"，他甚至能让对手高高扬起的拳头在不知不觉中垂下，化敌为友，化险为夷。

当一个人真正谦逊时，他不会坐在办公室里决策，而是会"善下之"，他会放下身段，去现场，对一线发生的事情充满好奇，全身心地投入，去听、去看、去触，他会比别人更了解问题的本质，更看得清事物的真相，从而做出正确的决策。

事业和名利是身外之物，品格是身怀之物。李嘉诚喜欢说的"创造自我，追求无我"，其实就是注重内外兼修，在追求外在的事业和名利的过程中，也不断完善自己的品格。

就像大江大海因为位置低，所以才能成为百谷之王，让百川归流一样，一个人越是谦逊无我，他所能吸引的人才和资源就会越多，所能承载的事业自然就越大。

· 第八篇 ·
用爱创造美好世界

> **《道德经》第 67 章**
>
> 我有三宝,持而保之。一曰慈,二曰俭,三曰不敢为天下先。
> 慈故能勇;俭故能广;不敢为天下先,故能成器长。
> 今舍慈且勇,舍俭且广,舍后且先,死矣!
> 夫慈,以战则胜,以守则固。天将救之,以慈卫之。

爱是最伟大的力量

"三"是一个神奇的数字。佛教有"三宝",基督教有"三位一体",老子不仅认为"三生万物",而且有自己保全而持守的"三宝"。和佛教的"佛、法、僧"这"三宝"不同,老子的"三宝"是"慈、俭、不敢为天下先",这是他的核心价值观。

所谓"慈",很容易让人想到慈爱,它通常用来形容母亲对孩子(尤其是没有行为能力的幼儿)的爱。"慈"不同于男女之爱,它对"被爱者"没有对等回报的要求,它不嫉妒、不占有、不算计,不求自己的益处,凡事忍耐,永不止息。

老子在《道德经》第 49 章中曾说过"百姓皆注其耳目,圣人皆孩之",意思是,老百姓都关注自己的欲望,但伟大的领导者却把他们当成自己的孩子,这与老子在第 67 章中

> 我有三件宝贝，我一直持守、保全着它们。第一件叫慈爱，第二件叫节俭，第三件叫不敢居于天下人的前面。
>
> 因为慈爱，所以能勇敢；因为节俭，所以能广博；因为不敢居于天下人的前面，所以能成为万物的首长。
>
> 今天有很多人，舍弃慈爱而追求勇敢，舍弃节俭而追求广博，舍弃退让而追求领先，这是在找死啊！
>
> 慈爱，用来征战必得胜利，用来保守必得坚固。上天要拯救谁，必降下慈爱来守卫谁。

所提到的"慈"是一致的。

"慈"也不是溺爱。在上古时代，人类需要不断与大自然斗争才能生存下去，在这种环境下，母亲对孩子的爱一方面是保护和盼望，另一方面则是帮助孩子适应环境，希望其尽快拥有独自活下去的能力，这种爱德行饱满，充满着舐犊情深的意味。

说完"慈"再来谈"俭"。俭是"有而不尽用"，是一种收敛、减少消耗的态度，它既是在物质上的"断舍离"，也是精、气、神的能量积聚。老子认为，外在物质和名利上的消耗占有，与内在精神上的丰满富足成反比。

美国文学中有一部最受读者欢迎的非虚构作品《瓦尔登湖》，这是美国作家亨利·戴维·梭罗的散文集，记载了他在28～30岁期间，只带了一把斧头，在瓦尔登湖边自建木屋独自居住的经历。在这里，他悟出了人生真谛："一个人，只要满足了基本生活所需，不再戚戚于声名，不再汲汲于富贵，便可以更从容充实地享受人生。"

生命的极致一定是啬与俭，外在的干扰越少、欲望越少，内心越是通透明锐、绚烂丰盈。

"不敢为天下先"这句话可以有两种理解：第一种是不去做创新和出头的事；第二种是不把自己放太高，不要居于天下人之上。

这两种理解都符合老子的原则。说实话，在创新的问题上，老子是非常保守的，他甚至号召人们"有什伯之器而不用"，放弃对提高生产效率的追求，因为他知道，人类社会的很多问题都是发展带来的，越发展问题越多。另外，老子不断强调领导者与百姓的关系，应该像大海与川流的关系一样，领导者永远要把自己放在最低洼之处。

步步高集团的创始人段永平的商业信条是"敢为天下后，守后争先"，意思是在战略上要选择高确定性的可以长久发展的行业，在战术上要远远领先对手，形成局部优势。

老子在说出了自己的"三宝"后，还解释了它们所能带来的好处，他说："慈故能勇；俭故能广；不敢为天下先，故能成器长。"意思是，因为慈爱，所以能勇敢；因为节俭，所以能广博；因为不敢居于天下人的面前，所以能成为万物的首长。

　　女子本弱，为母则刚。在孩子遇到危险时，母亲会不惜一切代价保护孩子，这是大勇，孔子说"仁者必有勇"，也是这个道理。慈不仅带来勇，也带来俭，因为心里的爱越大，私欲就会越小，而私欲小则利他多，得到的拥戴就会广博。

　　有了慈和俭，自然就"不敢为天下先"，因为此时追求的不是权力、荣耀和财富，而是不求回报的爱，所以就不会去争什么天下之先。如果舍弃了这种大爱，勇敢就成了暴虐，广博就成了奢靡，领先就成了炫耀，结果必定是死路一条。

　　老子在第 67 章最后想说的是，不求回报的爱才是宇宙最伟大的力量，领导者带着这种力量去战斗、去保卫、去拯救，必定能成功。

> **《道德经》第 68 章**
> 善为士者，不武；善战者，不怒；善胜敌者，不与；善用人者，为之下。是谓不争之德，是谓用人，是谓配天，古之极也。

赢得竞争的人，都有一颗不争的心

战争是人类社会中最残酷的竞争形式，但这种竞争的最高境界是"不争"。老子在《道德经》第 68 章中说，善于作战的人，不易被激怒。

春秋时期的军事家孙武认为，领导者的战略能力分为三个层次：最高层次是"不战而屈人之兵"，不用爆发军事冲突，就让对手屈服；中等层次是"胜兵先胜，而后求战"，在战争爆发之前，胜负已分，打的是有把握的胜仗；最低层次是"败兵先战，而后求胜"，即通过发动战争来赌输赢，这样做的人最终会失败。

第二次世界大战（简称二战）中的日本就是"败者"的典型。在太平洋战争爆发前，日本海军联合舰队司令长官山本五十六曾在美国哈佛大学学习，并担任过日本驻美国大使

> 善做将帅的人，不逞勇武；善于作战的人，不易被激怒；善于胜敌的人，不好对斗；善于用人的人，对人谦下。这叫作不争的德行，这叫作善于用人，这叫作合于天道，这是自古以来的最高准则。

馆武官，他深知以日本的国力无法战胜美国，但还是谋划了偷袭珍珠港，企图以战术上的胜利，来博取战略上的成功，但仅三年零八个月之后，日本就彻底战败，宣布无条件投降。

二战后，世界形成了"美苏争霸"的格局。从1947年美国开始奉行杜鲁门主义，到1991年苏联解体，历时44年，美国通过局部代理战争、军备竞赛、太空竞赛、外交竞争等手段，以不动武力的"冷"方式，瓦解对手，赢得竞争，从而成为世界唯一的超级大国，这也算是"不战而屈人之兵"吧。

战争成败的决定因素，不是激情和勇武，而是谋略和实力。

做战略的基本功是SWOT分析，分析竞争各方的优势、劣势、机会和威胁。我常会问企业家一个问题："如果你是一名搏击选手,那你的优势和劣势分别是什么?"他们通常会根据自己的身体条件来回答,身材魁梧的会说自己有力量,身材瘦小的会说自己灵活。我会继续问:"如果你的对手是拳王泰森呢?""那全是劣势。"我又问:"如果是幼儿园的小朋友呢?""哈哈,那全是优势!"

不战而屈人之兵的前提,是具备十倍于敌的碾轧性实力,在绝对实力面前,不存在以智取胜,也不存在狭路相逢勇者胜。

就算在实力相当的情况下,决定竞争成败的依然不是勇武,而是战前详细的调查研究和推演筹划。

《孙子兵法》里说:"夫未战而庙算胜者,得算多也;未战而庙算不胜者,得算少也。多算胜,少算不胜,而况于无算乎!"意思是,未开战之前就能预料取胜的,是因为推算下来,取胜的条件多;未开战而预料不会胜的,是因为推算下来,具备取胜的条件少。取胜条件多的胜算就大,取胜条件少的胜算就小,何况那些不筹划推演的呢?

常胜将军不是通过战斗博取胜利,而是在战斗打响之前,就把方方面面的事情都安排好了,别人看他是去战斗,而在他看来,他只是去摘取胜利果实罢了。

一支军队的统帅和最有战斗力的兵王的区别,不在于单打独斗的功夫,而在于深谋远虑的大局观。

韩信当年还是个穷小子的时候,喜欢带刀佩剑,一位屠夫当众侮辱他说："我看你就是个胆小鬼！你要是够胆量，今天就拿剑刺我；如果不敢，就从我胯下爬过去！"韩信盯着他看了很久，一番思想斗争后，还是选择从屠夫的胯下爬过去。

之后的韩信几经周折，终于被刘邦重用，拜将封侯，打败了"力拔山兮气盖世"的西楚霸王项羽，成为汉朝的开国元勋。

论个人勇武，韩信远不如项羽，但对高级将领来说，重要的不是好勇斗狠，而是懂得计算风险、权衡利弊，在任何情况下都能保持冷静、不被激怒，这就是韩信比项羽强的地方。

很多企业家都是从一线打拼起来的，练就了一身单挑的本领，但这往往也会成为他们前进的障碍。因为个人能力不代表组织能力，企业家要做的不是一马当先、冲锋陷阵，而是运筹帷幄、决胜千里。

真正善于竞争的人，都有一颗不争之心，因为他们懂得放下自己，顾全大局。

> 《道德经》第69章
>
> 用兵有言："吾不敢为主,而为客;不敢进寸,而退尺。"是谓行无行,攘无臂,扔无敌,执无兵。
> 祸莫大于轻敌,轻敌几丧吾宝。故抗兵相若,哀者胜矣。

优秀的领导者总爱考虑失败

关于战争,有一个铁律:骄兵必败,哀兵必胜。它的意思是说,在两军实力相当的情况下,有悲悯之心、持悲观主义、更小心谨慎的那一方,往往能获胜;傲慢轻敌、嗜血杀戮的那一方,必定失败。

为什么"善胜"的一方要有悲悯之心?首先,战争不是为了杀戮,而是为了胜利,不战而屈人之兵,才是最高境界;其次,有悲悯之心的将领,不会把自己的士兵视为"炮灰",而是会精打细算,以最小的伤亡换取最大的战果。

为什么"善胜"的一方要持悲观主义?因为优秀的将领总是会把事情最坏的情况想清楚,而从不指望运气,只有这样,那么就算最坏的情况出现,他也能把握战局,而不是听天由命。

善于用兵的人说过："我不敢主动进犯，而宁可采取守势；我不敢前进一寸，而宁可后退一尺。"就是说，行军布阵，却不显露队伍的行列；虽要奋臂，却像没有胳膊可举；临敌在即，却像没有敌人可对阵；手持兵器，却像没有兵器可执。

没有比轻敌更大的祸患，轻敌几乎让我失去最宝贵的东西。两军实力相当，若发生对抗，心怀悲悯且谨慎的那一方会获胜。

小心谨慎才能少犯错误，而很多时候，战争拼的就是消耗，较量的不是谁赢得多，而是谁输得少。总能立于不败之地的人，胜利最终会属于他。

在《三国演义》中，诸葛亮足智多谋，司马懿胆小谨慎，诸葛亮数次北伐，司马懿都是筑营阻拦，不与蜀汉军队作战。

有一次，两军对峙了百余日，司马懿就是坚守不出，诸葛亮派人送给他女人的衣服，欲激他出战，司马懿大怒，上书皇帝请求交战。诸葛亮得知后，失望地说："司马懿根本没有出战的意思，请战只是做给部下看的，将在外君命有所不受，如果他真想打，何必要不远千里去请示呢？"

最后，诸葛亮再次无功而返，两人看似打了个平手，但诸葛亮的消耗更大。对诸葛亮来说，不赢就是输；对司马懿来说，不输就是赢。多年后，蜀汉的国力耗尽，败于魏国。

优秀的领导者在谋划具体的事情时，会花很多精力思考可能遇见的困难和失败，因此，他的准备就会更加充分，克服困难、避免失败的可能性也就更大。

美国四星上将巴顿有一句名言："一品脱㊀的汗水，可挽救一加仑㊁的鲜血！"1加仑等于8品脱，这意味着训练时多流1滴汗，实战时就可以少流8滴血，这个理念演化成军事训练的经典口号——"平时多流汗，战时少流血"。

有人也许会问："考虑太多的困难和失败，把敌人想象得太过强大，就不怕影响士气吗？"

其实真正影响士气的，是对战场的血腥和残酷准备不足，被打个措手不及；那些经过充分训练并且有足够心理准备的队伍，反而会充满信心、士气坚固。

优秀的领导者通常在战术问题上悲观，在战略问题上乐观，他们走的每一步都小心谨慎，但他们坚信，这样一步步走下去，必定成功。这就是"在战略上藐视敌人，在战术上重视敌人"。

商场如战场，指挥战争和经营企业有相通之处。日本实

㊀ 1品脱（美制）≈0.473升。

㊁ 1加仑（美制）≈3.79升。

业家稻盛和夫在总结自己的成功经验时说："在思考未来时，我们应该保持乐观而不是悲观，但是在具体实施时，我们又应该保持悲观而非乐观。我认为这才是获得成功的诀窍。"老子在《道德经》第 69 章中所说的"哀者"，其实就是这种有远见的悲观主义者。

> **《道德经》第70章**
> 吾言甚易知,甚易行。天下莫能知,莫能行。言有宗,事有君。夫唯无知,是以不我知。知我者希,则我者贵。是以圣人被褐而怀玉。

经营好德行的利润表

日本的怀石料理源于僧人的听禅茶点,它继承了日本茶道"和、敬、清、寂"的精神,注重当季当地的食材原味,以及制作和享用过程中的仪式感,强调"不以香气诱人,更以神思为境"。

为什么取名"怀石料理"呢?有两种说法。流传最广的一种说法是,僧人在听禅时饥寒难耐,只好在肚子前抱一块暖石,取暖抗饿。还有一种说法是,源于《道德经》第70章中的"圣人被褐而怀玉",意思是有道的圣人好像穿着粗衣而内怀美玉一样。我倾向于后一种说法,因为美德才是最好的美味。

古人相信天人合一,相信大道中存在绵绵不绝的神秘能量,而玉石就是这种能量的"存储转换器",它温润坚固、我的话很容易理解，很容易实施。天下却很少有人能理解，能实施。

我的言语有主旨，我行事有根据。正是因为人们的无知，所以我才不能被理解。

了解我的人稀少，取法我的人更是难能可贵，因此，有道的圣人好像穿着粗衣而内怀美玉一样。

光华内敛，说明其中能量充沛。所以，古代的君子无故玉不离身，这就像现代人随身要带个充电宝一样，能随时为德行"充电"。

有一次，子贡问孔子，为什么君子如此重视玉石，难道是因为它稀少吗？孔子告诉他："从前君子用玉比喻美德。"

孔子说：玉的质地温润，代表仁；坚固致密，代表智；有形有款但不会割伤人，代表义；可垂挂于身作为饰品，代表礼；叩击时它声音悠长，代表乐；它的瑕疵与瑜美互不掩盖，代表忠；它色泽纯洁透亮，代表信；它的气势如长虹，代表天；它的精神如山河，代表地；它卓绝而与众不同，代表德；天下莫不以它为贵，就像道一样。

在孔子看来，玉石之所以珍贵，不是因为它稀少，而是因为它彰显了君子之德的一切属性。

孔子提倡的君子之德，是仁、智、义、礼、乐、忠、信；而老子提倡的圣人之德，是虚静、柔和、慈俭。在他们看来，人生的目的就是积攒这些美好的德行。

在"德行银行"的利润表上，内在品格的修养是营业收入，外在物欲的消耗是营业支出。君子和圣人都在努力增加营业收入，减少营业支出，追求德行净资产的保值增值。这是显而易见的事情，最容易实施，也最容易见效。

但在那时的现实世界中，无论是平民还是王侯，大多数人对此并无兴趣。很多人认为，德行没有什么用，既不能换吃的，也不能换穿的。在争名夺利的事情上，君子永远斗不过小人。

上古先民看重玉石，是以为它能辅助德行的修养，能成为内在德行与天道大德的连接器。世间最珍贵的玉石，并不是身佩之玉，而是心怀之玉，一个人只要活出"德"的样子，他本身就是一块美玉，这就是所谓的"君子如玉"。

玉代表美德。如果把美玉用于炫耀，就会使它失去了本来的意义，反而是失德的表现。当人们的内心不再追求美德时，就失去了与大道能量连接的"充电线"，就算玉再美、蕴含的德行再饱满充盈，也是无用的摆设。

世人所向往的，与圣人所追求的恰恰相反。如果说圣人追求"被褐而怀玉"的话，那么世人则追求"佩玉而怀糠"，只喜欢表面上的光鲜靓丽，毫不在乎内在修养。

老子知道，人类宁愿相信谬误，也不愿亲近真理，所以他选择西出函谷关，避世归隐。如果不是关令尹喜的苦苦哀求，他甚至不打算留下只言片语，因为真理说得再简单、再清楚，世界上也没几个人能理解，更没几个人愿意践行。

老子在《道德经》第70章中，直白地表达了这种失望："吾言甚易知，甚易行。天下莫能知，莫能行。"

老子没有回答的问题是：大道真理如此珍贵，又如此简单，为什么世人无法理解，不去实施，甚至做出"背弃大道，自甘堕落"的逆向选择？难道是因为人性有趋于堕落的"原罪"属性吗？

现在，人类还在痛苦中挣扎，老子的苦口婆心，依然不能让人类悔改。也许，"悔改"才是人类自我救赎的开关，只有把开关拨到正确的位置，才能恢复人类与大道的连接，才能让人人都活成温润如玉的圣人。

> 《道德经》第71章
> 知不知,尚矣;不知知,病也。圣人不病,以其病病。夫唯病病,是以不病。

不懂装懂是大患

杜月笙擅长洞悉人性,他晚年时曾说:头等人,有本事,没脾气;二等人,有本事,有脾气;末等人,没本事,大脾气。

为什么越有本事的人越谦虚,越没本事的人越傲慢?因为一个人的思想和认知,决定着他的行为和态度。一个人见识越广,越知道世界之大,就越了解自己的无知;相反,越是见识匮乏的人,越会觉得自己什么都知道。

古希腊哲学家芝诺曾说:人的知识就像一个圆,圆圈外是未知,圆圈内是已知,你知道的越多,你的圆圈就会越大,圆的周长也就越大,于是,你接触到的未知也就越多。

人类对世界的认知可分成"已知"和"未知"两个部分,已知是有限的,而未知是无限的。任意一个常数除以无穷大

> 知道自己的无知，是好的；无知却自以为知，这是谬妄之病。有道的人没有这种谬妄之病，因为他把这种病视为大患。正因为他把这种病视为大患，所以才不会患上这种谬妄之病。

都趋近于零，所以，古希腊最有知识的哲学家苏格拉底才会说："我唯一知道的，就是我一无所知。"

遗憾的是，承认自己无知的苏格拉底，却死于一群无知者的审判，而审判他的无知者已随雅典文明湮灭于历史长河之中。

庄子曾讲过一个寓言故事，一个住在废井里的青蛙，在井边遇见了一只从东海来的鳖，青蛙向它炫耀井中的洞天，并邀请它进去参观，结果井口小到鳖连脚都迈不进去。唐代文学家韩愈对这个寓言故事的评论是：坐井观天，就会觉得天很小，其实不是天小，而是看天的人眼光太狭隘了。

无知的人就像井底之蛙，但井底之蛙也分三种。

第一种是"不知而不觉"。这种是"血统纯正"的井底之蛙，它们坚定地认为，自己生活的井就是全世界，任何与自己的观点不同的观点，都是蛊惑人心的异端邪说。

我相信，那些宣判苏格拉底死刑的人都是真诚的，他们并非不可饶恕，因为"无知者无罪"。

第二种是"不知而不学"。这种井底之蛙见过井外的世界，但或许是因为懒惰和贪求安逸，或许是因为害怕失败，它们拒绝了解外面的世界，甚至为自己的不思进取找出许多"正当"的理由。比如，"外面的世界固然好，但不适合我们""外面也有很多问题，我们要看到本井的优越性"。

但世界并不总是岁月静好，生于忧患死于安乐，"不知而不学"的青蛙，最后都难逃"温水煮青蛙"的下场。

第三种最可恶，是"不知而装知"。这是一群"好面子"的井底之蛙，明明无知，却要装作无所不知。

这种青蛙装久了，还会得到前两种青蛙的崇拜，这就让它们越发相信"谎言说一千遍就成了真理"，如果有人胆敢质疑它们、揭穿它们，那就是反对真理、破坏稳定团结，必须群起而攻之，除之而后快！

这种井底之蛙病入膏肓，身怀剧毒，没得救，别的青蛙要躲远点儿。

鲁迅先生说过，"面子"这东西实在有些怪，"要面子"和"不要脸"有时候很难分辨，有的人明明"不要脸"，但他本人却以为很"有面子"。

为了"面子"的"不知而装知",就是一种"不要脸"的心理病态。老子在《道德经》第71章中说:"圣人不病,以其病病。夫唯病病,是以不病。"他是在郑重地提醒人们,要警惕此病,不要得病,尤其是领导者,要像防疫情一样,防止自己染上无知之症,成为故步自封、不懂装懂的井底之蛙。

> 《道德经》第72章
>
> 民不畏威,则大威至。
> 无狎其所居,无厌其所生。夫唯不厌,是以不厌。
> 是以圣人自知不自见;自爱不自贵。故去彼取此。

不知敬畏的人无药可救

2017年初,我和私董会小组成员去台北开会,当地的朋友非常热情,为我们安排了与几家企业的交流活动,其中让我印象深刻的是稻禾餐饮集团。

说是集团,其实该企业规模不大,只有几家乌冬面馆和面包店,时任总经理严心镛先生40多岁,谦和敦厚,之前是一位颇有名气的讲师。机缘巧合,受朋友影响,他学习了稻盛和夫的经营哲学,并发愿要"通过发展餐饮业,帮助穷苦的年轻人提升心性"。

台北的餐饮行业竞争激烈,食客也挑剔,严先生以前没做过餐饮,但他的乌冬面馆却开一家火一家,短短几年,营业额就超过新台币1亿元,净利率达20%,还雇用了100多位寒门子弟,成为台北餐饮业的黑马。

> 如果民众不敬畏看不见的力量，就会被看不见的力量所惩罚。
> 不要嫌自己住的房子小，也不要抱怨自己的生活。不厌恶自己生活的人，才不会被命运所厌恶。
> 所以有道的人，但求自知而不自我表扬，但求自爱而不自显高贵，知道自己要什么不要什么。

严先生给我们分享了不少经营心得，他本来就是有名的讲师，讲得自然精彩，但几年过去后，我只记得他讲的八个字，"敬事如神，待客如亲"。

要做到"敬事如神"，就要"敬店如神""敬面如神"用敬畏之心去做每一碗面条，对待每一个顾客。时刻在这八个字上磨炼，想生意不好都难。

开门做生意，你如何待店、待客、待物，店铺、顾客和商品就会如何回报你，这是最简单的因果关系。

稻盛和夫常说"现场有神灵"，意思是，要对工作现场有一颗敬畏之心。我看过一部纪录片，拍的是一位叫近藤麻理惠的收纳专家的故事。她在美国通过帮助人们收纳整理房间来改变人们的生活。有趣的是，她每次开始工作之前，都会带着她的顾客向"家神"祈祷,让收纳工作变得充满仪式感。

中国儒家其实也非常注重敬畏之心。在《礼记·中庸》中,有一段讨论"君子慎独"的文字,大概的意思是说,天道无时无刻不在发挥作用,哪怕是最隐蔽和最细微的角落,也存在天道,真正修道的君子,独自一人的时候,也会慎重地对待自己的每一个心念,因为道不可欺。

东方文化的最高追求就是"求道",这在某种意义上也是追求超验的终极真理,这种追求超越了看得见的东西,试图接近某些看不见的东西。南宋学者朱熹在《中庸章句》中写道"君子之心常存敬畏",君子所敬畏的,也是这种看不见的力量。

一个人如果没有敬畏之心,就很容易胡作非为;一个群体如果没有敬畏之心,大家便会一起胡作非为,结果就是相互坑害,最终天怒人怨,劫数难逃。所以,作家梁晓声才会说:"一个人也罢,一个民族也罢,一个国家也罢,倘几乎没有什么敬畏,是很可怕,最终也将是很可悲的。"

老子早就看清了人类的自负和欲望,也知道任其泛滥会带来的可怕、可悲的结果,所以他在《道德经》第72章中说:"民不畏威,则大威至。"这其实就是在规劝人们,要有敬畏之心。

很多人把这一章理解成老子对统治者的建议——要对老

百姓好一点，改善老百姓的住房和生活条件；同时，要保持对老百姓的威压，让老百姓感到害怕，老百姓才不会造反，而作为统治者，要提高自己的自我修养，要谦虚内敛。

但我相信老子所追求的，是亲近真理，而不是驾驭权力，在真理面前，统治者与被统治者皆如刍狗，没有分别。如果一定要把人和人分别开来的话，那么人分两种——敬畏道的人和不敬畏道的人，而在老子看来，后者无药可救。

> 《道德经》第73章
>
> 勇于敢则杀,勇于不敢则活。此两者,或利或害。天之所恶,孰知其故?
> 天之道,不争而善胜,不言而善应,不召而自来,繟然而善谋。天网恢恢,疏而不失。

降服自己心魔的人才是真英雄

很多人喜欢看好莱坞大片,尤其是一些英雄题材的电影,比如《蜘蛛侠》《变形金刚》《狮子王》之类的,这类题材的电影不断推出续集和翻拍版,依然有很好的票房。

美国电影学会曾邀请1500名专家投票选出"美国电影百部经典",有人研究发现,这100部代表美国主流文化的电影中有95%都在运用同一个故事模型:讲述一个普通人经历磨难,战胜自我,最后蜕变成英雄的旅程。

"英雄之旅"的故事模型几乎是所有好莱坞编剧的必须研究的模型。发现这个模型的人是神话学研究者约瑟夫·坎贝尔。他认为,不同文化中的神话传说,其实都在讲述"人类共同的伟大故事",即"启程、启蒙、归来"。

坎贝尔历时5年,写出了他的研究巨著《千面英雄》,

勇敢而胆大妄为，就会带来杀身之祸；有勇气但保持小心谨慎，就可以存活。两种勇的结果，一个是得利，一个是遭害。天道所厌恶的，谁知道是什么缘故吗？

自然的规律，是不争而善于获胜，不说而善于回应，不召唤而自动前来，看似漫不经心，但其实深思熟虑。天网太大了，所以根本看不见，虽然稀疏但从不会遗漏什么。

这本书后来成为《星球大战》《黑客帝国》和《蝙蝠侠》等电影的灵感来源，并深刻地影响了乔布斯、斯皮尔伯格、披头士乐队、猫王、迈克尔·杰克逊等一大批西方流行文化的先锋人物，因此，坎贝尔也被奉为西方流行文化的一代宗师。

在"英雄之旅"故事模型中，真正的英雄并不是天生的强者，而是一个从未想过成为英雄的普通人，他原本过着平淡的生活，因为某个偶然事件而卷入了一场惊心动魄的未知旅程，这也是命运的召唤。

面对召唤，他怀疑、害怕甚至拒绝，但最终他的良知和勇气被唤醒了，于是他放下恐惧和犹豫，接受使命，并开始了全新的学习。

然后，他踏上征途，经历一系列的试炼和考验，被一次次地打入绝望之谷,当他快要放弃时,心灵深处的力量支撑他重新站了起来。最后,他战胜了黑暗,在危急关头拯救了世界。

等硝烟散尽,他王者归来,回归平淡的生活——外表还是那个少年,内心却已发生改变,他的眼睛里没了当初的惶恐和稚嫩,但多了一分平静和坚毅,这就是他在"英雄之旅"中收获的礼物。

这样的故事是不是很酷?

其实,中国古典神话小说《西游记》也是讲"英雄之旅"的故事。孙悟空经历了一次次的失败和误解,也有过逃避和背弃,但最终他陪着唐僧经历完九九八十一难,取回了真经,自己也从一个暴躁自负、胆大妄为的猴子,蜕变成了能"战胜一切私心偏好"的斗战胜佛。

能打的人不见得是英雄,能降服自己心魔的人才是英雄。孙悟空的师父唐僧,手无缚鸡之力,妖魔鬼怪一个都对付不了,但他去西天取经的意志坚定,"宁往西一步死,不往东一步生",以舍生取义之心战胜了内心的恐惧,他也是真英雄。

在这个世界上,很多人都想改变自己的生活,但只有很少的人愿意改变自己。可是,如果不改变自己,就很难改变生活。所以,能降服自己的习性的人,才能掌握命运,而那些不愿经历磨难,甘愿被习性所降服的人,只能随波逐流,成为生命剧本中的"路人甲"。

"英雄之旅"的故事之所以激励人心,是因为它让人们看到,英雄的本质不在于战胜对手,而在于战胜自己;故事中的主角都是因为激发了内心的能量,才获得了改变世界的能力。好消息是,塑造内心世界的权力掌握在每个人自己手里,所以,每个人都可以成为自己的英雄。

说完了英雄,再来说说反派。

电影中的反派,也是一群不甘向命运低头的人,他们目标明确,敢于冒险,渴望成功;他们为了自己的目的,可以不惜一切代价,但代价通常是别人的权利与自由。他们也渴望成为英雄,只是在他们的眼中,是英雄还是狗熊由成败决定——赢了就是英雄,输了就是狗熊,与内心的成长没有一点关系。

英雄和反派,看起来都很勇敢,但他们"勇敢"的性质却不同。

在古汉字中,"勇"与"恿"是相通的,"勇"从"力",表示敢作敢当的大力壮士;而"恿"从"心",表示内心充满力量,不恐惧。而"敢"字的甲骨文形象,是手握猎叉猛地刺向野猪,表示有胆量地进攻、进犯。

英雄靠的是"勇",而反派靠的是"敢"——一个靠的是战胜自己,一个靠的是侵犯别人。勇与敢的组合不同,得到的结果也会不同。

老子在《道德经》第 73 章中告诉人们，真正勇敢的人是"勇于不敢"，他们能承认内心的恐惧，但不会被恐惧驾驭；他们能面对一切困难和对手，但不会被激愤的情绪冲昏头脑。他们没事不惹事，有事不怕事，大事当头时小心谨慎，依然保持对天道的敬畏，因为"天网恢恢，疏而不失"——天道一直都在工作，从来就没有失误过。

> 《道德经》第74章
>
> 民不畏死,奈何以死惧之?若使民常畏死,而为奇者,吾得执而杀之,孰敢?
> 常有司杀者杀。夫代司杀者杀,是谓代大匠斫。夫代大匠斫者,希有不伤其手矣。

真正的领导力不依靠权柄

我在杭州附近的一座寺庙里开过一次私董会。当时,寺庙正处在建设期,游客寥寥无几。方丈热情好客,不仅把寺庙的书画室腾出来给我们当教室,还在边上旁听。

私董会是一群企业家一起解决问题的会议。"当局者迷,旁观者清",大家都是做企业的"同道中人",别人能看到"你"看不到的真问题,问题一旦找对了,解决起来就容易许多。

就在大家聊得正酣的时候,方丈突然说话了:"我也有一个问题,能不能让大家用私董会的方式帮我讨论一下?"大家非常诧异——印象中都是方丈给别人答疑解惑,今天他竟然想请大家帮他解决问题。

于是,我们请方丈坐在"案主"的位置,然后大家按私董会的流程讨论起来。

如果老百姓都不怕死，还能用死亡去恐吓他们吗？如果让老百姓都怕死，那些做事情出格的人，我把他们都抓来杀掉，那谁还敢乱来呢？

（但是，人有天赋的寿命，也自有）天道负责判杀。用死刑代替天道去杀人，就像普通人代替有名的木匠去砍木头。那些代替有名的木匠砍木头的人，很少有不伤到自己手的。

方丈的问题是："我如何才能管理好寺庙里的僧人，让大家积极投入到寺庙建设工作中？"

方丈告诉我们："寺庙的僧人不多，但寺庙建设涉及的工作很多，有些事务不能推给建筑商，必须自己解决，这就涉及僧人的分工、合作以及工作进度管理等问题。但是，如何激励大家非常投入地去做这些繁杂琐碎的俗事呢？"

大家听完方丈的阐述后，就进入"提问探究"环节。有人问方丈："可以发奖金吗？"有人问方丈："可以扣工资吗？"还有人问方丈："能不能开除人？"一听就知道，这都是"老板对付员工"做法。

方丈很无奈地告诉大家，这些都不能，而且就算能发奖金、扣工资，也无法调动大家的积极性，因为僧人出家就是为了"不问名利，无欲无求"，否则就不会出家了。

这对参与讨论的企业家来说，真是"老革命碰到了新问题"。

管理中最重要的手段就是"激励"，而激励分为正激励和负激励，也就是奖和惩。补偿理论专家阿奇·巴顿曾总结出管理中的六种激励因子，分别是：金钱、恐惧、竞争的鞭策、发挥领导力的渴望、地位和工作中的挑战性。而这些，恰恰是出家人需要克服的东西。

如果把方丈的问题抛给你，你会如何处理？

传统的管理方法很多都是"胡萝卜加大棒"，恩威并施，激发人们内心的欲望和恐惧，将它们转化为行动力，实现领导者想要的目标。但这种方法用在低欲望群体身上，有效性就会大大下降。

网上有个段子，调侃不同年代的人对待离职的态度：00后是老板不听话就离职，95后是感觉不爽就离职，90后是老板骂我就离职，80后是有收入更高的机会就离职，70后问为什么要离职，60后问什么是离职。

60后、70后之所以对"离职"敬而远之，是因为他们成长于匮乏年代，而今又负担沉重，"恐惧"的负面激励因子一直伴随着他们。

而90后、00后成长在相对富足的环境之中，自身也没有什么经济压力，甚至很多人是低欲望的"佛系青年"，只

图一个"爽"字,无视一切"威逼利诱"。

所以,无论是"佛系青年",还是真正修佛的僧人,如果用他们不在乎的东西去激励他们,他们根本不吃这一套。

不论时代和环境如何变化,领导者的某些责任是永远不变的,比如:激发团队成员的积极性,领导人们去做正确的事、不做不正确的事。同时,时代变化也不会让管理中的激励因子消失,只是让其形式和内容发生了变化。

"难管"的90后年轻人,并非不在乎金钱和荣誉,但他们的独立意识和规则感更强,所以,只要给他们充分的空间、明确的规则、公正的评价,他们就能展现出令人想象不到的创造力。

而那些寺庙里的僧人,更是早已看淡名利生死,他们之所以出家,大多数都是为了"精进修行",但工作何尝不是一种修行呢?

最后,大家给方丈的建议是:"让僧人把工作当作修行,在繁杂的事务中,勇猛无退、精进不舍地磨炼心性。"方丈听了,若有所思。

两年后,我们再去拜访方丈,看到寺院已经建设得清净庄严,管理也井井有条。

老子在《道德经》第74章中说"民不畏死,奈何以死惧之?"其实就是在提醒领导者,不要滥用"恐惧"式管理,这种手段很多时候不好使。

符合天道的领导者，会谨慎地使用他的权柄。当人们怕他的时候，他用权柄去施加他个人的恩威，难免伤及无辜，甚至伤及自己；当人们不怕他的时候，他的权柄就毫无用处，只能当"烧火棍"。

问题是，时代越往前发展，人们的自由意识就越强，选择的机会也越多，心里对权柄的"怕"更是越少——如果还是用"权威主义"的方式去实施领导，最后只会两败俱伤。

> //《道德经》第75章
>
> 民之饥，以其上食税之多，是以饥。民之难治，以其上之有为，是以难治。民之轻死，以其上求生之厚，是以轻死。夫唯无以生为者，是贤于贵生。

私心越重，队伍越难管

日本人的很多东西都学自中国，比如政府部门的设置，就有唐朝三省六部的影子，他们把国家财政部叫大藏省，把国家卫生部、劳动和社会保障部归在一起，叫厚生劳动省。

"大藏"是储蓄丰富的意思，比如佛教经典总集就叫《大藏经》，它包含了佛陀49年说法的记录，智慧无边，浩如烟海。"厚生"则表示日子过得好，生活质量高，这个词出自《尚书》中舜帝与大禹的一段对话。

中国上古时代的权力更迭实施"禅让制"，老领导在把权力交给接班人之前，要听听他的施政纲领，考察他是否拥有治理国家的智慧。

大禹因为治水有功，成了舜帝的接班人选，在一次会议民众饿肚子，是因为统治者吞食的税赋太多，所以民众陷于饥饿。民众难治理，是因为上面的人太想有所作为，所以民众难治理。民众轻贱生命，是因为权贵们的生活太丰厚，所以民众轻于犯死。

所以，作为领导者，不热衷奢侈生活的，比重视奉养丰厚的更加贤明。

上，他当着舜帝和伯益的面，阐述了自己的执政理念："领导者的德行体现在实施善政，政治的目的在于养民。领导者要管理好水、火、金、木、土、谷这六种生活资料，要做好正德、利用、厚生这三件大事。这九种功德修得好……政事就不会败坏。"

舜帝听了很满意地回应道："对！这六府三事办好了，就是万世永利之功。""你这个禹啊，真不错！我在国家领导者的位子上已经33年了，年纪大了，也干不动了。以后，民众就交给你领导了，请不要松懈啊！"

大禹所说的"正德、利用、厚生"，是正己之德、利民之用、厚民之生，用现在的话说，就是严格要求自己，全心全意为人民服务，让老百姓过上好日子。正是因为他有这个觉悟和能力，舜帝才会放心地把权力交给他。

可惜的是，大禹没有继续尧舜的传统，从他以后，国家的权力更迭制度从"禅让制"变成了"血缘继承制"，从"任人唯贤"变成了"任人唯亲"。从那以后，统治者们口中的"正德、利用、厚生"，渐渐变成了"正他人之德、利私人之用、厚自己之生"。

人性有善恶两面，但人性的自然趋势符合"熵增"法则，在没有外因的作用下，由"善"滑向"恶"、从"勤"变为"懒"非常容易，但反过来却很难。所以，如果权力没有了约束，腐败和暴政就很容易降临。

历史上，昏君和暴君层出不穷，甚至成为帝王中的多数，这是人性的必然结果，因为一个拥有绝对权力的人，变坏比变好要容易得多。

国家是由统治者和民众共同构成的，而国家的经济总量在一定时期内是有限的。大家都要在这一口大锅里吃饭，如果掌勺分饭的人多吃多占、浪费无度，其他人就要饿肚子；老百姓肚子饿得受不了，就会变成难以治理的"亡命之徒"。

老子看透了这些问题，所以在《道德经》第75章中，他告诉领导者，"民之饥""民之难治""民之轻死"其实都是上面出了问题。

最高统治者的欲望，和国家治理难度成正比，与民众幸福指数成反比。领导者越是爱花钱讲排场，老百姓就越要勒紧裤腰带。所以，真正的好领导，不与民争利，也不爱折腾。

　　这些道理也适用于企业。企业管理最难的工作就是如何分钱，企业的利润留多了，客户的价值就会变少；管理层成员的工资奖金拿多了，基层员工的钱包就会变瘪，工作的积极性也会降低。所以，与其抱怨队伍难管，领导者不如问问自己是不是私心太重、想法太多。

> 《道德经》第76章
>
> 人之生也柔弱，其死也坚强。草木之生也柔脆，其死也枯槁。故坚强者死之徒，柔弱者生之徒。是以兵强则灭，木强则折。强大处下，柔弱处上。

把成功挂在嘴边，是衰败的开始

传说老子15岁的时候就拜了一位叫常枞的人为师，后来老师病重，老子去探望，还忘不了讨教学问。于是，他们留下了这样一段对话。

常枞张开嘴让老子往里看，问："我的舌头在吗？"

老子回答："在啊。"

常枞又问："我的牙齿还在吗？"

老子回答："早就掉光了！"

常枞再问："你明白我想告诉你什么吗？"

老子说："舌头之所以存在，不就是因为它柔软吗？牙齿之所以掉光了，不就是因为它刚硬吗？"

常枞听了很欣慰地说："噫！天下的事理已尽在其中了，我没什么可以再教你的了！"

人活着的时候身体是柔软的,死了以后就变得很僵硬;草木活着的时候枝叶是柔脆的,死了以后就变枯槁了。

所以,坚强的东西趋近于死亡,柔弱的东西充满生机。因此,用兵逞强就会被消灭,树木强壮了就会遭砍伐。

强大的处于劣势,柔弱的处于优势。

在老子看来,"柔弱胜刚强"既是万事万物的规律,又是为人处世的准则。至于老子的这个认知,是不是像传说中那样学于常枞,那就不得而知了。

古人通过对万物活动的观察来了解自然规律,在人和草木的生存现象中,人们很容易发现,成长的东西都处于软弱的状态,而死亡的东西都处于坚硬的状态,以"舌存齿亡"的现象来说明"柔弱胜刚强",反而显得有些局限。

"出生入死"这个成语也出自老子,后人把它曲解为不顾个人安危的奋斗精神,但其实,老子的本意是说,生与死是一个连续的过程,从"出娘胎"开始,到"埋入土"结束。

纵观人的生命全程,你会发现,新生的婴儿柔若无骨,而老年人通常四肢僵硬,这说明柔软代表生命活力,僵硬则意味着这种活力在逐渐消失。所以，保持身体和器官的柔软，亦是健康之道，民间所说的"筋长一寸，寿长十年"并非没有道理，动脉硬化、肝硬化绝对不是什么好事。

事物发展都是由小到大的。新生事物看上去弱小柔软，但生命力旺盛；成熟事物看起来壮大坚硬，其实却容易折损。

一棵刚钻出泥土的小树苗，还没有成形，很容易根据环境来改变自己的姿态，可以毫无压力地在夹缝中生存；等小树苗长成"风摧根不动，雨淋腰不弯"的大树，树身不再柔软时，反而容易被台风吹倒。

"柔弱胜刚强"不仅是自然界的规律，在社会上，这样的例子也无处不在。

2006年中央电视台的《赢在中国》节目，请来了慧聪网创始人郭凡生当嘉宾，节目现场，有一名观众表示不看好慧聪网，更看好阿里巴巴。当时的慧聪网刚在香港上市，郭凡生也被誉为中国的电商教父，听到观众的否定，他反驳说："我已经这么成功了，你都不相信我……"，短短的几句话就用了三次"我已经这么成功了"！

三句话不离"我已经这么成功了"，这是多么自信的刚硬啊！但"兵强则灭，木强则折"，这种刚硬，恰恰是衰落的前兆。

14年过去了，当年如日中天的慧聪网已改名为慧聪集团，2019年亏损3.76亿港元。2020年底，慧聪集团总市

值14亿港元,而当年并不被看好的阿里巴巴,总市值已达5.53万亿港元,是慧聪集团的近4000倍。⊖

"成功"有时候是对企业的诅咒,充满成功氛围的企业,很容易不求上进、故步自封。

老子在《道德经》第76章中,以人和草木的生死为例,告诫领导者,一定要"贵柔、戒刚"。

一个人肢体僵硬,意味着身体已经衰老;一个人思想僵硬,意味着灵魂已经衰老;一位领导者,把"我已经这么成功了"变成口头禅,容不得半点挑战和否定,就意味着他的领导力已经僵硬,他所领导的组织正在衰老。

对领导者来说,应该永远像孩子一样谦卑,只有保持内心的柔软和思想的弹性,才能真正做到"物来顺应",从而跟上时代的变化。

⊖ 这两家公司的市值为2020年8月23日的市值,来源Wind。

> **《道德经》第77章**
>
> 天之道，其犹张弓与？高者抑之，下者举之；有余者损之，不足者补之。
> 天之道，损有余而补不足。人之道，则不然，损不足以奉有余。
> 孰能有余以奉天下，唯有道者。
> 是以圣人为而不恃，功成而不处，其不欲见贤。

用天道智慧，平衡人道缺陷

《马太福音》中有一则寓言。一个人出国前，把三个仆人叫过来，按他们的才干分别给了他们一些银子。最有才干的仆人，用这银子做买卖，连本带利赚了一倍；最没才干的仆人把钱埋在地里，等主人回来后如数奉还。于是，主人夺过没才干仆人手里的钱，交给最有才干的仆人，并说："因为凡有的，还要加给他，叫他有余；没有的，连他所有的也要夺过来。"

这则寓言，被美国科学史研究者罗伯特·莫顿归纳为"马太效应"，指社会的资源、机会和财富，会向已经获得优势的人集中，从而造成强者更强、弱者更弱的现象。

全世界的财富分配现状的确符合马太效应。据彭博社统计，2019年末全球最富有的500人的净资产达到了5.9万亿

> 自然的规律，不就像拉弓射箭一样吗？目标瞄高了就压低点，目标瞄低了就抬高点；力道大了就减小一些，力道不够就加大一些。
> 自然的规律，减少有余，用来补充不足。人世的行为法则，就不是这样的，要剥削不足的人，用来供奉有余的人。
> 谁能把有余拿出来供给天下的不足？这只有有道的人才能做到。
> 因此有道的人，作育万物而不恃己能，有所成就而不自居其功，他不想表现自己的聪明才智。

美元，比 2018 年末增加了 1.2 万亿美元；而 2018 年末全球最贫困的半数人口（38 亿人）的净资产加起来不到 1.4 万亿美元，这还不如全球最有钱的 26 个人的总净资产多。

美国作为市场经济最发达的国家，其财富的集中化趋势很明显。有一份报告显示，2012 年末美国最富有的 0.01% 人口，拥有全国 11.2% 的财富；最富有的 0.1% 人口，拥有全国 22% 的财富；最富有的 1% 人口，拥有全国 41.8% 的财富。这个比例还在逐年增加。[一]

中国历史有"合久必分，分久必合"的规律，其实这背后，也是"马太效应"在作祟——社会的财富、权力不断向少数人集中，贫富差距也不断加大，最终导致阶级矛盾爆

[一] Emmanuel Saez, Gabriel Zucman. Wealth Inequality in the United States since 1913. 2014.

发、社会秩序崩溃，然后战乱不断、人口大规模减少，直到改朝换代，又开始一轮新的循环。

如果资源趋于集中的"马太效应"是社会规律，那自然规律则与之相反——富余的会被削减，不足的会被给予。

比如，在自然界，高山峻岭会被风化，慢慢变成小山包，而深谷盆地会逐渐被淤泥和风沙填满，慢慢变成平原。再比如，在动物界，凡是站在食物链顶端的动物（狮子、老虎之类），它们的生育率通常比较低，而食物链底端的动物（老鼠、兔子之类），生育率通常很高。

无论是地理地貌还是生态环境，只要没有人为干扰，大自然的趋势总是归于平衡。这就是天道与人道的差别。

老子很早就观察到这种现象，他在《道德经》第77章中说"天之道，损有余而补不足。人之道，则不然，损不足以奉有余。"同时，他提醒领导者，要想管理好社会，就要运用天道智慧，以平衡人道的缺陷。

真正有智慧的领导者因为顺应天道，会获得巨大的财富和权力。在面对财富和权力的集中时，他还能继续顺应天道，把手里的权力让渡给民众，把自己的财富留给世界。

从2006年开始，作为美国前10大富豪之一的巴菲特，把他自己99%的资产捐献出来，用于慈善事业；巴菲特的好友，作为全球前10大富豪的比尔·盖茨也把自己绝大部分财富捐献给社会，并把自己的"人生下半场"，全部投入在慈善事业上，致力于改善全球的医疗、环境和减少贫富差距。

人不管拥有多少钱，一天也只能吃那么几顿饭，一夜也只能睡一张床——过多的财富反而容易成为负担。西方有一句谚语是"有钱人上天堂比骆驼穿过针眼还难"，所以，把有余拿出来供奉天下的不足，这才是"为而不恃，功成而不处"的天道智慧。

> **《道德经》第78章**
>
> 天下莫柔弱于水,而攻坚强者莫之能胜,以其无以易之。
> 弱之胜强,柔之胜刚,天下莫不知,莫能行。
> 是以圣人云:"受国之垢,是谓社稷主;受国不祥,是为天下王。"
> 正言若反。

领导力像水

任天堂是现代电子游戏产业的开创者,这家企业只有5000多名员工,2019年营业收入123亿美元,净利润24亿美元,人均年产值246万美元,是丰田公司的5倍。

这家企业是由一个名叫山内房治郎的人在1889年创建的,最早只是做纸牌的作坊,创业70多年后才转型进入电子游戏产业。第三代社长山内溥是创始人的曾外孙,算是个"富四代"。

山内溥原本是早稻田大学的法律系学生。22岁时,他外祖父(任天堂第二代社长,山内家的入赘女婿)突然病故,而他父亲早年因酗酒失踪,所以他不得不退学回去接班。

山内溥在接管企业后解雇了很多工龄20年以上的人,开展了一系列大刀阔斧的改革,任天堂的纸牌业务很快就占世界上没有比水更柔弱的东西，而要冲激坚硬刚强之物，没有任何东西可以胜过水，也没有任何东西可以替代水。

弱胜过强，柔胜过刚，这个道理世界上无人不知，但很少有人能够做到。

因此有道的人说："能承受全国的屈辱，才配称国家的救主；能承受全国的苦难，才配做天下的君王。"真正的道说出来，就好像说反话一样。

领了日本市场的半壁江山。

几年后，他在参观了美国最大的扑克牌工厂后，看见了这个行业的天花板，便决定让企业转型。他先后尝试了很多产业，都以失败而告终。一直到他50岁那年，任天堂才在电子游戏产业找到感觉，实现了跨越式发展。

山内溥在经营企业的过程中非常重视三个原则，分别是"朝令夕改""尽人事听天命""德能配位"。

"朝令夕改"并不是想一出是一出，而是要一切以事实为依据，发现错误马上改正，不要因顾忌面子而愚蠢地坚持。

"尽人事听天命"不是听天由命，而是在付出不亚于任何人的努力后，坦然接受结果。

"德能配位"是提醒自己不要过度自信，不要自诩为天才,而要谦虚谨慎,让自己的德行能够承载得起所取得的成绩。

从这几句话可以看出,日本受中国文化的影响极深。我们素来有"厚德载物"的说法,一个人能承载多少财富、权力和地位,取决于他有多少德行。如果一个人志大才疏、德不配位,那么他就会爬得越高摔得越惨。

"德"是什么?《道德经》的很多章节都在讨论这个问题。在老子看来,万事万物都按"道"的规律运行,遵守"道"就是"有德",违背"道"就是"无德"。老子常说"不道早已",意思是偏离了"道"就会早早地完蛋!

那么,好的德行究竟是什么样子的呢?老子喜欢用"水"来比喻,他说"上善若水""几近于道"。

在老子看来,优秀的领导者就应该像水一样去实践"柔弱胜刚强",他在《道德经》第78章中借着水的特性,再次引申出领导力的真谛。

水的本性至纯至净,既能滋养万物,也能清污去垢,但它滋养万物却不占为己有,"受垢"后还能自清自洁。

"天下莫柔弱于水",水可以根据温度高低而变成气态、液态或固态,也可根据容器形状而变成方的、圆的或扁的,水不执着于自己是什么样子,一切都看环境需要它成为什么样子。

水是不争的。能上能下时,它选择往下走;遇到障碍时,它选择绕着走；被堵住时，它就停下来等待，静静地蓄积能量。

水也是世界上最有力量的东西，"攻坚强者莫之能胜"。滴水可以穿石，激水可以漂石。水可以用时间改变高山和大地的形态，可以用速度裹挟万吨巨石，甚至人们可以通过增加水的压强，变水为刀，切割钢铁和钻石。

山内溥的"朝令夕改""尽人事听天命""德能配位"这三个原则所蕴含的柔软、坚韧和谦卑，是不是与水的特性颇有几分相似？

在一个组织当中，领导者看上去是拥有最大权力、得到最多利益的人，其实，他也是承担压力和风险最大的那个人。处于顺境的时候，人们看到的是他的风光；处于逆境的时候，他必须兜底，承担所有的"垢"与"不祥"。

人的格局是被委屈撑大的。格局越大的人，思想越开放，态度越柔弱，意志也越坚定。格局越大，自我就越小，小到无我，就会全然利他。这不也是水的德行吗？

> // 和大怨，必有余怨；报怨以德，安可以为善？
> 是以圣人执左契，而不责于人。有德司契，无德司彻。
> 天道无亲，常与善人。
>
> ——《道德经》第79章

任何时候都不占人便宜

段永平是中国企业家中很特别的一个人。他一手打造了步步高集团，并孵化出OPPO、vivo、一加等3家手机企业，还被认为是拼多多创始人黄峥的师傅，而且他40岁就退出了企业经营的一线，成了颇有成就的投资家。

段永平创立和培养的这些企业，基本上都奉行"本分"的企业价值观，"本分+平常心"也是段永平做人做事的原则。

在OPPO的企业文化墙上，贴着对"本分"两个字的四条诠释，分别是"平常心""求责于己""不占人便宜""本分高于诚信"。OPPO对于"本分高于诚信"的具体阐述是：即使没有承诺，本来应该做的事情也要做到。

段永平曾在一次大学演讲中谈起诚信。他说："我们对就算大的怨恨得以和解，必然还会有余留的怨恨。（制造出了怨恨，）事后再以德去回报怨，难道是妥善的办法吗？

因此，圣人就算手里掌握着代表债权的契约，也不会对别人有过分苛责的要求。有德的人就像持借据的圣人那样宽裕，无德的人就像负责收税的人那样苛取。

天道对人是不分亲疏的，它只帮助善于顺应天道的人。

诚信的理解就是把它作为一种本分，而不是作为一种手段，本分是发自内心的。"他还举了一个小时候他父亲借钱的例子，当他父亲还钱时，他父亲不会因为对方以后对自己有用或无用而区别对待——欠债还钱是做人的本分。

做企业和做人一样，诚信都应该是本分，并不应该因为诚信能带来利益，所以才诚信，更不应该由于诚信会吃亏，而不诚信。当一个人要权衡利弊，决定该不该诚信的时候，他就已经不"本分"了。

"本分"这个词出自《荀子·非相篇》："小辩不如见端，见端不如见本分。小辩而察，见端而明，本分而理。"意思是，辩论细节不如看见头绪，看见头绪不如抓住根本。辩论细节能明察秋毫，揭示头绪能明白，抓住根本才能治理。

根本的东西通常接近"大道",是顺其自然、理所当然的。一个"本分"的人,理应是诚实、善良、专注的,理应是不占人便宜、不投机取巧的。

OPPO对于"平常心"的解释是:隔离外在的压力和诱惑,保持平常心态,回归事物本源,把握住合理的方向。商业成功的本源是"用好产品和好服务满足消费者的需求"。段永平把苹果公司作为自己学习的标杆,他重仓苹果公司,就是因为苹果公司牢牢地把握住了"消费者体验"的本分。

做生意是不是本分,客户很容易觉察,很多企业常常会利用一些独特的优势去占客户的便宜,甚至把它称为"核心竞争力",这很不厚道。举个例子,在机场餐厅吃一碗70元的牛肉面,如果味道还不如17元的路边摊,这就会让人觉得不厚道。虽然供求关系决定了价格,但做生意的态度却有两种,可以精明,也可以厚道,就算房租太高成本下不来,但是把一碗高价的牛肉面尽量做好吃点,也是一种本分的态度。

懂得本分的企业家,就算自己站在很有优势的地位,也不会依仗独特优势去欺负客户,欺负供应商,而所谓的奸商,就算自己没有优势,也要想办法坑蒙拐骗、巧取豪夺,去占客户和合作伙伴的便宜。

当一个人欺骗了别人时,就算被欺骗的人嘴上不说,也会心怀怨恨。吃了很多亏的客户会对奸商敬而远之，这时候奸商就会陷入危机——再想对客户好点，也不会有人相信了。

用"有德"的态度做企业，生意会越来越好；用"无德"的态度做企业，刚开始也许能赚钱，但最后总是会被客户抛弃，被市场淘汰。

《道德经》第79章谈的就是"有德"和"无德"的领导者为人处世的态度。"有德"的领导者就算有优势地位、有充足的条件占人便宜，也会安守本分、厚道待人；"无德"的领导者则会苛责于人，好像别人天生就欠他的一样。

在老子看来，符合天道的行为才是"有德"的和"善"的，天道是宇宙的基本规律，顺之则昌，逆之则衰。真正的本分其实就是天道，是事物的本来面目，是"天经地义、理所当然"的准则。只要不偏离这个准则，天道自会来帮你！

> 《道德经》第80章
>
> 小国寡民。使有什伯之器而不用；使民重死而不远徙。虽有舟舆，无所乘之；虽有甲兵，无所陈之。使民复结绳而用之。甘其食，美其服，安其居，乐其俗。邻国相望，鸡犬之声相闻，民至老死，不相往来。

追求无我，实现自我

"不要回答！不要回答！！不要回答！！！"这是小说《三体》中一位三体世界的善良的监听员发给地球的信息。因为地球一旦被更先进的文明发现，就注定遭到入侵和毁灭——在宇宙的黑暗森林中，藏得久才能活得久。

其实，在地球上的不同文明之间，也存在某种程度上的黑暗森林法则。在大航海时代之前，美洲的印第安人、澳大利亚和新西兰的土著人，都活得好好的，可一旦被先进的欧洲文明所发现，就面临灭顶之灾。

在时间的长河中，地球上有无数物种在竞争中灭绝。人类也是如此。现代分子人类学证明，北京猿人、元谋人、蓝田人并不是我们的祖先，他们和尼安德特人一样，都是被我们祖先灭掉的人类亚种。

（我的理想之国）国土狭小而人口稀少。即使有让效率提升十倍、百倍的工具，却不去使用；民众都重视死亡，而不愿去往远方。虽然有车船，但从不乘用；虽然有盔甲和兵器，也从不拿出来。甚至，让民众回归到结绳记事的状态。

人们吃什么东西都觉得甘甜，穿什么衣服都觉得好看，住什么房子都觉得安逸，对自己的民风民俗乐而不厌。邻国之间可以互相看见，鸡鸣狗叫的声音可以互相听见，但民众一直到老死，彼此都不怎么来往。

强者可以选择不打人，但弱者无法保证自己不挨打，尤其是当强弱代差巨大时，弱者连被征服的机会都没有。

有时候，越了解历史的真相，就越无法理解老子在《道德经》第80章中所提出的"小国寡民"的理想社会主张。

老子描绘出一个桃花源般的世界，这里的人"甘其食，美其服，安其居，乐其俗"，没有争斗，也没有追求进步的欲望，甚至"有什伯之器而不用"，人们安于现状、甘守传统。在这个世界中，不发展才是硬道理。

老子之所以提出这样的主张，是因为他看到人类文明发展带来的危机。科技进步虽然带给人们生活上的便利，但也释放了人们的欲望，带来了文明冲突、资源枯竭、环境污染和战争饥荒。

历史上的强者,也都难逃覆灭的命运,古埃及、古巴比伦、古希腊、古罗马等文明,哪个不是盛极一时?但这些当时的地表最强文明,在辉煌的顶峰过后,都迅速土崩瓦解、灰飞烟灭。

文明一直处于某种囚徒困境之中:弱小的被强大的灭绝,强大的自我毁灭。

因此,老子关心的不是在博弈系统中的某一方、某一国,他跳出了国家、民族和政权的局限,关注全人类的命运。老子一直在讨论的问题是:"人,应该如何生活?"

对于这个问题,德国诗人荷尔德林的回答是:"人,诗意地栖居在大地上。"

老子和荷尔德林都意识到,人类最理想的状态是生活在"伊甸园"里,小国寡民,安居乐业,诗意地栖居。但是,人类从走出"伊甸园"那一刻起,就做梦都想不到,来时好好的,却回不去了!

"伊甸园"回不去,停下来会被黑暗森林吞噬,继续往前走又是一条不归路!怎么办?还有让人类逃出生天的办法吗?

极少数的智者,找到了一条救赎之路。人类的现实生活无法回到"伊甸园",但可以让精神和灵魂回归。老子、释迦牟尼、耶稣都指向了这条道路。

精神上追求回归,与现实中追求发展不仅不矛盾,甚至可以完美结合。日本经营者稻盛和夫先生就是优秀的践行者，他一生打造了两家世界500强企业，65岁退休后在日本京都的圆福寺出家。

稻盛和夫曾写过两本小书。一本叫《活法》，谈的是"敬天爱人，无私利他"；一本叫《干法》，说的是"追求高目标，付出不亚于任何人的努力"。前者在追求无我，后者是实现自我，两者调和之后，发展才不会带来破坏，人类才能进入真正的文明。

真正的文明是精神与物质、内在与外在的结合。内在的文明所追求的是退守和回归，是"伊甸园"，是净土，是老子的"理想国"。外在的文明所追求的是发展和进步，是每个人都能平等地拥有生命权、自由权和追求幸福的权利。

老子为人类所创造的"理想国"，其实是一个精神归属之地。如果你想把老子的智慧用在权谋之上，用于博取现实的名利，你就永远也不会明白"小国寡民"的真正意义。

> 《道德经》第81章
>
> 信言不美,美言不信。善者不辩,辩者不善。知者不博,博者不知。
> 圣人不积,既以为人,己愈有;既以与人,己愈多。
> 天之道,利而不害;人之道,为而不争。

利他,持续成功的终极答案

很多企业经营者都在探索一个问题的终极答案:如何做一家持续成功的企业?投资者和股票分析师所纠结的问题也差不多:如何发现和识别一家能持续成功的企业?这个问题更直白的说法是:如何赚钱,并一直赚钱?

企业的目的是什么?站在经营者和投资者的角度来看,大部分人觉得是"赚钱",但德鲁克先生的答案是"企业的目的是创造客户"。这句话怎么理解?站在花钱者的角度来理解最准确。

我们每个人都是花钱的人,而且几乎每天都在花钱,花出去的钱最后大部分进了企业的口袋。人们苦苦寻求"赚钱"的奥秘,但同时掌握着如何花钱的答案。所谓"创造客户",就是创造让客户花钱的理由。让客户花钱的理由,不就是让可信的真话不太好听，顺耳的好话不太可信。行为良善的人不巧辩，巧言善辩的人不良善。真正了解的人不广博，广博的人不深入了解。

有道的人不为自己积藏财富，他越是帮助别人，自己反而越充足；越是给予别人，自己反而越丰富。

自然的法则，利他而无害；人间的修为，施为而不争夺！

企业赚钱的奥秘吗？

任何一个消费者，都不会为"企业想赚钱"买单，而只会为"自己觉得值"买单。我曾在一家全球知名的消费品企业做过销售员，上岗培训教材的第一章就清楚地写道："只有当人们确信自己的需求能被满足时，人们才会消费或投资。"

企业的目的不应是赚钱，而应是解决问题。如果解决问题的成本低于人们愿意支付的价格，那就能赚钱；如果成本高于人们愿意支付的价格，那就是做公益。赚钱，是企业解决问题后的成果，且是诸多成果中的一个。

可以做个小实验，来证明我说的是对的。

你现在随机选两个客户，给其中一个客户打个电话，告诉他："我做企业的目的，就是为了赚你的钱！"给另一个客户打电话，说："我做企业的目的，是要用我的强项，帮你解决某个特定问题。如果你对我解决问题的成果感到满意，你要付我钱，其中还要包括我的利润。"

你觉得这两种态度，哪种更容易获得客户的信赖，更容易吸引优秀的人才，更容易引导企业走向成功？

德鲁克先生还说过，"企业是社会的器官"。对于一个生命来说，器官的存在是为了实现某种维持身体运转的目的，比如肠道的存在是为了解决消化的问题，肺的存在是为了解决呼吸的问题，当肺部出现病毒感染而不再能解决呼吸的问题时，就要用到人工呼吸机。

企业如果不能解决问题，或者解决问题的效率太低下，就会遭到无情的淘汰。利润，是对企业解决问题有效性的一种考验。从本质上讲，所有亏损、破产的企业，都是因为没有能力和效率去承担解决某个社会问题的责任才亏损、破产的。企业做大还是做久，也和为他人创造价值、解决问题的能力有关。

微软发明了个人电脑操作系统，解决了全世界都能方便地使用电脑的问题，比尔·盖茨就成了全世界首富；马云解决的问题是"让天下没有难做的生意"，所以他成了中国首富。

人类和社会的问题一直在发生变化，所以能解决当下的问题，就能成为当代的企业；能解决不同时代的问题，就能成为跨越时代的企业。日本有一家修建庙宇的企业叫金刚组，这是世界上最古老的企业，存活了1423年，[1]因为修建庙宇的问题1400多年没怎么变过。

作为客户，我们在寻找帮我们解决问题的供应商（代表）时，不喜欢找那些很能吹牛、很会耍嘴皮子的人，而希望找到精进专业、诚实可靠的人，愿意真心帮助我们的人，这样的人，让他们赚钱我们也放心。

大道至简，一通百通。古人讲的大道，和我们日常工作、生活中的小道是相通的。天道、人道和企业经营管理之道并不会相互违和，也没有高低贵贱之分。

老子在《道德经》的最后一章，告诉了领导者信实、讷言、专精的为人准则，也说出了"既以为人，己愈有；既以与人，己愈多"的经营之道。

"天之道，利而不害；人之道，为而不争"，真正伟大的修行者，诚实、不争、精进、给予，爱别人胜过爱自己。人活成这样，一定会受到大家的拥戴和追随；如果在经营企业的过程中，领导者也能遵循这样的准则，那还愁没有客户、员工和资本的拥戴、追随吗？

---

[1] 创建于578年。

后　记

　　《道德经》是一本值得与之终身相伴的书，但从古至今，它都以难读懂著称。古人难读懂它，是因为他们对客观世界所掌握的信息量太少，且很多人都缺乏真正的哲学思辨力；今人难读懂它，主要的原因是古文晦涩，而且《道德经》历代的版本和解读者众多，解读的内容也常让人感到迷惑。

　　我第一次读《道德经》大概在20年前，虽然当时也看不太懂，但并没有因此望而生畏，反而读得很舒服，感觉书中很多句子美轮美奂、气象万千，蕴藏着一种让人的精神宁静且开阔的能量。

　　事实上，虽然完整地读过《道德经》的人不多，但大多数人都熟悉《道德经》中的一些名句，如"千里之行，始于足下""天网恢恢，疏而不失""道生一，一生二，二生三，三生万物""民至老死，不相往来"。很多常用成语也出自这本书，如"上善若水""金玉满堂""天长地久""出生入死""大器晚成"。还有很多根据《道德经》创造的成语，如"受宠若惊""自知之明""功成身退""老当益壮"。所以说，这是一本中国人避不开的书。

因此，《道德经》也是我多年以来的手边书，出差时也会带在身边，还喜欢拿它送人。由于总想弄明白它，所以市面上只要有解读《道德经》的书我就会买来阅读。虽然每本书都有它的亮点，但总觉得都不够简单、通透。

《道德经》的版本很多（甚至还有《德道经》），对其解读更是五花八门。有不少人痴迷于给《道德经》重新断句，比如把"道可道，非常道"变成"道可，道非，常道"，还有人把《道德经》看成一门玄学，试图从中找到修炼的秘密。

我总觉得对《道德经》过于复杂化的解读有悖老子的初衷。英语中有句名言，"Simple is the best"，中国人也说"大道至简"，好东西应该是直截了当、简单直白的。"简单"还有一层意思就是"最初的样子"，想要理解老子的"简单"，就需要知道老子的话在他当时的时代背景下是什么意思。

《道德经》成书的时代，正好是中国文字发生巨变的时代，从甲骨文到金文的转变基本结束，各个诸侯国的文字都有自己的风格，而秦朝将文字统一为小篆在几百年后才发生。作为西周档案馆的前馆长，老子在写《道德经》时所使用的汉字的形与意可能更贴近甲骨文，而与后世尤其是今天的汉字有很大差异。

因此，为了解老子最初的意思，我还专门买了研究汉字起源的书以及甲骨文方面的工具书。在读《道德经》时，遇到拿不准意思的字词，就去看看它们的甲骨文是什么样的。比如，"盈"是两个人站在浴缸中使水溢出来的形象，"啬"是收割粮食并存入谷仓的形象，而"敢"则是手握猎叉猛地刺向野猪的形象。学习甲骨文可以让我们了解老子思想形成时的场景，帮助我们去理解老子的"简单"的本意。

此外，在学习《道德经》的过程中，我还阅读了不少西方哲学、物理学甚至宗教学方面的书，它们讲的都是探究世界本质的学问，和《道德经》殊途同归。拓展这些方面的知识，可以让我们站在比古人更宏观也更精微的角度去理解老子。同时，阅读与孔子相关的书，以及《庄子》《易经》《黄帝内经》等，对我们理解老子也是非常有帮助的。这些书的成书年代距《道德经》的成书年代不是很远，甚至孔子和老子还有过几次直接交流。这些都有助于了解老子生活的时代。一个人的思想很难完全不受其所处时代的影响，所以更多地了解老子生活的时代，我们就可以更好地理解老子。

在本书的写作过程中，我也参考了很多版本的《道德经》（详见参考文献），其中我最推崇的是商务印书馆出版的陈鼓应先生的《老子今注今译》，该书的原文文本以王弼本为蓝本，参考了马王堆帛书《老子》甲乙本、郭店竹简《老子》等古本，并综合了历代校诂学者的可取见解，可谓资料翔实，内容全面。此外，陈鼓应先生主修哲学，对东西方哲学都有很深的造诣，而且有非常丰富的人生阅历，所以他的解读既严谨又鲜活，甚至常常跳出《道德经》文本的桎梏，明心见性，直抵老子哲学思想的核心。

学习老子不能受限于老子的语言，老子也说"道可道，非常道"，真正的道在说出的一刹那，就被定格在某种片面之中，就像一道风景被拍成了照片，照片拍得再好也不能百分之百还原风景。就算老子当年没有为世人留下《道德经》，社会、人生乃至宇宙万物依然会按照《道德经》中描述的规律运行，人类历史上的很多实践已一次次地证明了这些规律。所以，跳出《道德经》看《道德经》，你会发现，《道德经》就是生活本身，不读《道德经》也可以领悟大道、畜养厚德。

尽管《道德经》难读，但我还是建议大家读《道德经》，因为它就像一台人生旅途中的GPS，当你走上歧途的时候，它能提醒你"已偏离路线"。当然，路怎么走，最后还取决于你自己，GPS只负责指路，不负责开车。

在本书的写作和出版过程中，得到了许多朋友和编辑老师的帮助，特此表示感谢和致意！

吴　强

2021年2月26日

参考文献

[1] 陈鼓应. 老子今注今译 [M]. 北京：商务印书馆，2003.

[2] 田口佳史. 老子道德经讲义 [M]. 东京：致知出版社，2017.

[3] 高明. 帛书老子校注 [M]. 北京：中华书局，2004.

[4] 任继愈. 任继愈论儒佛道 [M]. 北京：国家图书馆出版社，2016.

[5] 陈鼓应（主编）. 老子的学说与精神：历史与当代 [M]. 北京：中国社会科学出版社，2016.

[6] 任继愈. 老子绎读 [M]. 北京：国家图书馆出版社，2015.

[7] 刘昭瑞. 《老子想尔注》导读与译注 [M]. 南昌：江西人民出版社，2012.

[8] 汉斯－格奥尔格·梅勒. 东西之道：《道德经》与西方哲学 [M]. 北京：北京联合出版社，2018.

[9] 理查·迪威特. 世界观：现代年轻人必读的科学哲学和科学史 [M]. 新北：夏日出版社，2015.

[10] 约瑟夫·坎贝尔. 千面英雄 [M]. 杭州：浙江人民出版社，2016.

[11] 彼得·德鲁克. 管理的实践 [M]. 北京：机械工业出版社，2006.

[12] 戴夫·洛根，约翰·金，海丽·费·莱特. 部落的力量 [M]. 北京：中国华侨出版社，2014.

[13] 尤瓦尔·赫拉利. 人类简史：从动物到上帝 [M]. 北京：中信出版社，2014.

[14] 吉姆·柯林斯. 再造卓越 [M]. 北京：中信出版社，2010.

[15] 查尔斯·科克. 好利润 [M]. 台北：远见天下文化出版股份有限公司，2017.

[16] 孙武. 孙子兵法 [M]. 陈曦，译注. 北京：中华书局，2011.

[17] 南怀瑾. 老子他说 [M]. 上海：复旦大学出版社，2005.

[18] 徐中舒. 甲骨文字典 [M]. 成都：四川辞书出版社，2014.

[19] 埃尔温·薛定谔. 生命是什么 [M]. 广州：世界图书出版广东有限公司，2016.

彼得·德鲁克全集

序号	书名	序号	书名
1	工业人的未来 The Future of Industrial Man	22 ☆	时代变局中的管理者 The Changing World of the Executive
2	公司的概念 Concept of the Corporation	23	最后的完美世界 The Last of All Possible Worlds
3	新社会 The New Society：The Anatomy of Industrial Order	24	行善的诱惑 The Temptation to Do Good
4	管理的实践 The Practice of Management	25	创新与企业家精神 Innovation and Entrepreneurship
5	已经发生的未来 Landmarks of Tomorrow：A Report on the New "Post-Modern" World	26	管理前沿 The Frontiers of Management
6	为成果而管理 Managing for Results	27	管理新现实 The New Realities
7	卓有成效的管理者 The Effective Executive	28	非营利组织的管理 Managing the Non-Profit Organization
8 ☆	不连续的时代 The Age of Discontinuity	29	管理未来 Managing for the Future
9 ☆	面向未来的管理者 Preparing Tomorrow's Business Leaders Today	30 ☆	生态愿景 The Ecological Vision
10 ☆	技术与管理 Technology，Management and Society	31 ☆	知识社会 Post-Capitalist Society
11 ☆	人与商业 Men，Ideas，and Politics	32	巨变时代的管理 Managing in a Time of Great Change
12	管理：使命、责任、实践（实践篇）	33	德鲁克看中国与日本：德鲁克对话"日本商业圣手"中内功 Drucker on Asia
13	管理：使命、责任、实践（使命篇）	34	德鲁克论管理 Peter Drucker on the Profession of Management
14	管理：使命、责任、实践（责任篇）Management: Tasks,Responsibilities,Practices	35	21世纪的管理挑战 Management Challenges for the 21st Century
15	养老金革命 The Pension Fund Revolution	36	德鲁克管理思想精要 The Essential Drucker
16	人与绩效：德鲁克论管理精华 People and Performance	37	下一个社会的管理 Managing in the Next Society
17 ☆	认识管理 An Introductory View of Management	38	功能社会：德鲁克自选集 A Functioning Society
18	德鲁克经典管理案例解析（纪念版）Management Cases(Revised Edition)	39 ☆	德鲁克演讲实录 The Drucker Lectures
19	旁观者：管理大师德鲁克回忆录 Adventures of a Bystander	40	管理（原书修订版）Management (Revised Edition)
20	动荡时代的管理 Managing in Turbulent Times	41	卓有成效管理者的实践（纪念版）The Effective Executive in Action
21 ☆	迈向经济新纪元 Toward the Next Economics and Other Essays	注：序号有标记的书是新增引进翻译出版的作品	

沙因谦逊领导力丛书

清华大学经济管理学院领导力研究中心主任
杨斌 教授 诚意推荐

合作的**伙伴**、熟络的**客户**、亲密的**伴侣**、饱含爱意的**亲子**
为什么在一次次的互动中,走向抵触、憎恨甚至逃离?

推荐给老师、顾问、教练、领导、父亲、母亲等
想要给予指导,有长远影响力的人

沙因 60 年工作心得——谦逊的魅力

埃德加·沙因(Edgar H. Schein)

世界百位影响力管理大师之一,企业文化与组织心理学领域开创者和奠基人
美国麻省理工斯隆管理学院终身荣誉教授
芝加哥大学教育学学士,斯坦福大学心理学硕士,哈佛大学社会心理学博士

1《恰到好处的帮助》

讲述了提供有效指导所需的条件和心理因素,指导的原则和技巧。老师、顾问、教练、领导、父亲、母亲等想要给予指导,有长远影响力的人,"帮助"之道的必修课。

2《谦逊的问讯》(原书第 2 版)

谦逊不是故作姿态的低调,也不是策略性的示弱,重新审视自己在工作和家庭关系中的日常说话方式,学会以询问开启良好关系。

3《谦逊的咨询》

咨询师必读,沙因从业 50 年的咨询经历,如何从实习生成长为咨询大师,运用谦逊的魅力,帮助管理者和组织获得成长。

4《谦逊领导力》(原书第 2 版)

从人际关系的角度看待领导力,把关系划分为四个层级,你可以诊断自己和对方的关系应该处于哪个层级,并采取合理的沟通策略,在组织中建立共享、开放、信任的关系,有效提高领导力。

欧洲管理经典 全套精装

欧洲最有影响的管理大师
（奥）弗雷德蒙德·马利克 著

超越极限

如何通过正确的管理方式和良好的自我管理超越个人极限，敢于去尝试一些看似不可能完成的事。

转变：应对复杂新世界的思维方式

在这个巨变的时代，不学会转变，错将是你的常态，这个世界将会残酷惩罚不转变的人。

管理成就生活（原书第2版）

写给那些希望做好管理的人、希望过上高品质的生活的人。不管处在什么职位，人人都要讲管理，出效率，过好生活。

管理：技艺之精髓

帮助管理者和普通员工更加专业、更有成效地完成其职业生涯中各种极具挑战性的任务。

战略：应对复杂新世界的导航仪

制定和实施战略的系统工具，有效帮助组织明确发展方向。

公司策略与公司治理：如何进行自我管理

公司治理的工具箱，帮助企业创建自我管理的良好生态系统。

正确的公司治理：发挥公司监事会的效率应对复杂情况

基于30年的实践与研究，指导企业避免短期行为，打造后劲十足的健康企业。